Echec scolaire,
une autre histoire possible

Le coaching au service des jeunes en difficulté

Dina SCHERRER

Echec scolaire, une autre histoire possible

Le coaching au service des jeunes en difficulté

Préface de
Stéphane Hessel

L'Harmattan

© L'HARMATTAN, 2011
5-7, rue de l'École-Polytechnique ; 75005 Paris

http://www.librairieharmattan.com
diffusion.harmattan@wanadoo.fr
harmattan1@wanadoo.fr

ISBN : 978-2-296-56598-2
EAN : 9782296565982

« La jeunesse est la saison des promptes soudures et des cicatrisations rapides» Victor Hugo

Je dédie ce livre à la jeunesse :

A mes filles Margaux, Léa et Eléonore

A mes neveux et nièces Sarah, Jonathan, Benjamin, Laura, Julia, Mathilde, Chloé, Shoshannah et Johanna

A tous les jeunes que j'accompagne et qui me montrent le chemin

Sommaire

Préface de M. Stéphane Hessel 9
Introduction 11

1ère partie : Les Pratiques Narratives
- ❖ Les origines 17
- ❖ Ce que sont les Pratiques Narratives pour moi ... 19
- ❖ Comment la narrative est entrée dans ma vie 25
- ❖ Ma stratégie d'intervention narrative 27

2ème partie : Créer l'alliance et détacher le jeune du problème

La première rencontre avec les jeunes 37
La première séance de groupe 44
- ❖ Co-construire les règles de notre communauté ... 48
- ❖ Susciter l'esprit d'équipe 52
- ❖ Ecouter leurs plaintes 54
- ❖ Leurs mots 56

3ème partie : Tisser une nouvelle histoire
- ❖ Tisser avec eux une nouvelle histoire, une histoire préférée 61
- ❖ Le re-telling de Pierre 63
- ❖ La réponse des jeunes à Pierre 69
- ❖ La réponse de Pierre à la réponse des jeunes 73
- ❖ Histoire de compétences 75
- ❖ Les aléas du coaching dans les collèges 81
- ❖ Faire la connaissance de Mélanie 86
- ❖ Les chansons qui nous aident à vivre 90
- ❖ La colère de Mickaël 95
- ❖ Les qualités qui nous permettent de faire face aux situations difficiles 101
- ❖ Histoires de projets 107

- ❖ *Se constituer son « Fan Club » pour identifier ses personnes ressources*……… *118*
- ❖ *Quand l'histoire de Roland vient se tisser à celle des jeunes pour épaissir leur histoire préférée*…………………………………… *122*
- ❖ *Honorer la mémoire de Foued* ………… *127*
- ❖ *Rendre visible aux autres ce qui est important pour eux : « cérémonie définitionnelle »* *133*

4ème *partie : Documentations et bilan*
- ❖ *Le Manifeste pour être plus heureux en Segpa* *143*
- ❖ *Chanson Segpa Blues*………………… *145*
- ❖ *Florilège de leurs mots*……………… *148*

Bilan…………………………………… *153*
Des nouvelles des jeunes……………………… *156*
Epilogue………………………………… *159*
Remerciements…………………………… *161*
Lexique…………………………………… *162*
Ressources narratives……………………… *167*

Préface

En 2009, Dina Scherrer a accepté une mission unique et nouvelle pour elle, accompagner sur toute une année scolaire des jeunes de quinze ans en classe de 3ème Segpa dans des collèges de la banlieue parisienne. Les classes de Segpa sont des classes où l'on met, dès la 6ème, des jeunes qui ne répondent pas à la norme, des jeunes « pas au niveau » ou qui n'ont pas le comportement qu'il faudrait. Ces affectations sont vécues par les jeunes et par leur famille souvent comme des punitions et contribuent à les marginaliser un peu plus.

Un peu plus, car la plupart de ces jeunes sont déjà issus de quartiers dits « sensibles » et vit dans des familles souvent en grande difficulté. A quinze ans, ils ont déjà côtoyé la violence, l'exclusion, la précarité. Et puis il y a cette image de « gogol » qu'on leur balance tout le temps dans la figure et dont les effets agissent sur leur image auprès des profs et des autres élèves.

Elle-même reléguée à douze ans dans une « classe de transition », Dina Scherrer n'a pas oublié qu'elle a quitté le lycée avec un simple CAP de sténodactylo pour ensuite devenir cadre dans la publicité, au poste de directrice du développement. Aujourd'hui, elle a décidé d'aider ceux qu'on marginalise dès leur naissance alors que personne au monde ne choisit son lieu de naissance.

C'est la première fois que le coaching entrait dans les collèges. L'objectif était que les jeunes se découvrent, qu'ils reprennent confiance en eux, en leurs compétences, qu'ils voient l'école autrement et qu'ils puissent se projeter dans un futur qui leur plaisent et auquel ils croient.

Toute la base de son travail avec ces jeunes a été dans un premier temps d'écouter leurs plaintes et ensuite de tisser avec eux au fil des séances une nouvelle histoire, une histoire alternative faite d''exceptions, de résistances, d'influence qu'ils ont déjà sur leur problème. Une histoire nourrie d'espoirs, d'engagements et de valeurs. Une histoire qui pourrait être la réponse à ces questions : « Avec ce que vous vivez de difficile dans votre vie, dans vos familles, au collège, comment faites-vous pour être encore debout ? Pour avoir cette énergie incroyable ? » Leur faire prendre conscience que ce sont eux « les experts de leur survie. » Faire émerger toutes les ressources qu'ils ont déjà en eux.

Toute la base de la pratique de Dina Scherrer est de dissocier le problème de la personne - « la personne est la personne, le problème est le problème, la personne n'est pas le problème » - et de ne jamais oublier que le regard que l'on porte sur un individu forge son identité. Sa croyance face à ces jeunes est que chaque individu a de la valeur et tout le monde a sa place sur terre, personne ne doit être exclu.

Stéphane Hessel
Diplomate, Ambassadeur et ancien résistant français.
Il participa en 1948 à la rédaction de la Déclaration universelle des droits de l'homme.

Introduction

En 2009, j'ai accepté une mission unique et nouvelle pour moi : coacher des jeunes de quinze ans en classe de 3ème Segpa[1] dans des quartiers dits « sensibles » de la banlieue parisienne. Pour la première fois, le coaching allait entrer dans les collèges.

Depuis plusieurs années, il y a un grand discrédit sur ces classes où l'on place, dès la 6ème, des jeunes qui ne répondent pas à la norme, qui n'ont pas « le niveau » ou les comportements que la société, l'école, attendent d'eux. Comme l'écrit Stéphane Hessel dans sa préface, cette affectation est souvent vécue par les jeunes et par leur famille comme une sanction et elle contribue à les marginaliser encore davantage. La plupart de ces jeunes est déjà issue de milieux et de familles en grande difficulté. A quinze ans, ces enfants ont déjà connu ou côtoyé la violence, l'exclusion, la précarité.

L'Inspection d'Académie de la région concernée a décidé de mettre en œuvre un programme de revalorisation des Segpa financé par le Fond Social Européen. L'association « Réussir Moi Aussi », spécialisée dans l'accompagnement de jeunes, a été choisie pour cette mission. C'est ainsi que le coaching est entré dans les

---

[1] Segpa : Section Enseignement Général Professionnel Adapté

collèges. Une équipe de neuf coachs, dans laquelle je me suis retrouvée, a été sélectionnée afin de couvrir l'ensemble du département. Un programme a été mis au point et validé pour chacune des séances de travail que nous aurions avec les jeunes et tout un matériel spécifique a été conçu et mis à notre disposition. Ce dispositif se complétait d'une supervision collective mensuelle, nous permettant de nous rencontrer entre coachs et d'échanger sur ce que nous vivions.

Notre mission était d'accompagner tous les jeunes des classes de 3ème Segpa du département, ce qui représentait pas moins de 26 collèges, 31 classes et 450 élèves. L'objectif : que les jeunes se découvrent, qu'ils reprennent confiance en eux, qu'ils regardent l'école différemment et particulièrement qu'ils la voient comme un lieu de ressources, et qu'au final ils puissent se projeter dans un futur qui les attire et auquel ils croient. Le futur immédiat étant aussi pour eux leur orientation professionnelle parfois choisie mais, le plus souvent, subie...

Nous devions les accompagner tout au long de leur année scolaire, au cours d'une douzaine de séances, en conjuguant les rencontres individuelles, les travaux en binômes et les travaux en groupe. Les séances avaient lieu dans les collèges même, le plus souvent dans une salle de classe mise à notre disposition pour l'occasion. Le tout était orchestré par les directeurs des sections Segpa.

Tout semblait donc réglé comme du papier à musique. Cependant, le premier problème que nous rencontrerions serait que, décidé en haut lieu, le programme était imposé à tous les collèges du département. Or, les directeurs des établissements concernés n'étaient pas tous favorables à l'expérience. Certains auraient préféré que l'argent dévolu au coaching serve directement à leurs établissements, qui manquent cruellement de moyens. De ce fait, nous ne serions pas accueillis partout à bras ouverts. Pour une autre raison, les professeurs ou les conseillers d'orientation nous verraient aussi parfois arriver d'un mauvais œil. Au-delà de l'aspect financier que je viens d'évoquer, ceux-ci verraient notre mission comme un empiètement et une mise en question de leurs compétences. « Qui sont ces « coachs » qui se proposent de jeter un nouveau regard sur nos jeunes ? Comme si nous n'étions pas capables de le faire nous-mêmes ! »

Mais, pour le moment, alors que l'expérience se préparait, je n'en étais pas encore là. Les choses se présentaient mal pour moi. Dès que j'avais eu connaissance du projet, j'avais posé ma candidature. Cette expérience me renvoyait à mon histoire personnelle. Je me sentais proche de ces jeunes de Segpa. J'ai grandi, comme eux, dans une HLM de la banlieue parisienne, au sein d'une famille nombreuse et en difficulté et, surtout, j'ai été dans ces classes pour enfants « pas comme les autres » que l'on appelait à l'époque « classes de transition ». J'ai survécu à cela. J'ai réussi à choisir ma vie. Je pouvais donc incarner pour ces jeunes la possibilité que nous avons tous de nous en sortir et j'étais persuadée d'avoir la bonne posture pour y parvenir. Accompagner ces jeunes serait aussi – j'en étais consciente - m'accompagner moi-même : réparer en même temps qu'ils le feraient pour eux-mêmes une partie de mon histoire personnelle qui n'était pas si éloignée que cela de la leur.

Mais voilà : le responsable de l'association rejetait ma candidature au motif que j'habitais trop loin des établissements concernés. Il est vrai que l'aller et le retour représenteraient pas moins de trois heures de transport chaque jour. Je n'en avais cure : je savais que je pouvais le faire et que je le ferais. Je sentais que cette mission était pour moi et je me suis accrochée. J'ai relancé le responsable de l'association jusqu'à ce dimanche, veille du début du programme, où l'imprévu a joué en ma faveur : au dernier moment, l'un des coachs s'est désisté ! Ma grande aventure allait pouvoir commencer.

L'équipe de coachs constituée pour cette intervention comprenait des profils très différents. Différences d'univers professionnels, de personnalités, de sensibilités, de pratiques. En ce qui me concerne, issue du monde de l'entreprise où j'ai passé une vingtaine d'années, je me suis ensuite formée à l'accompagnement professionnel.

On m'a attribué trois collèges, quatre classes de 3ème, soit 65 jeunes. J'ai réussi à imposer pour cette mission un protocole d'accompagnement totalement narratif. C'était la première fois que le coaching entrait dans les collèges et c'était aussi la première fois que les Pratiques Narratives allaient s'appliquer en France, en milieu scolaire.

1ère Partie
Les Pratiques Narratives

Les origines

Les Pratiques Narratives ont vu le jour en Australie il y a un peu plus de vingt ans. Michael White (1948-2008), thérapeute australien, et David Epston, thérapeute néo-zélandais, en sont les deux chefs de file. Leur introduction en France est très récente.

C'est une approche qui vient avant tout de l'accompagnement collectif. Elle a été mise au point par des travailleurs sociaux qui, dans leur travail quotidien, étaient confrontés à des populations en proie à diverses dépendances, à l'inceste, au viol, à la pédophilie, ainsi qu'à des suicides.

Ce n'est pas un hasard si cette approche est née en Australie. Ce continent a été l'objet d'une colonisation violente. La population d'origine y a été la victime d'un double génocide. La quasi-totalité des Aborigènes a été éliminée physiquement et, dans ce qui restait des communautés, la pratique systématique a été d'enlever les enfants à leur famille pour les placer chez des colons afin de les « assimiler ». Depuis lors, des problèmes dramatiques se sont développés au sein des communautés aborigènes, notamment l'alcoolisme, la violence, l'inceste. La déscolarisation fait aussi partie des maux de cette société et, comme on peut s'en douter, elle n'arrange rien. Des psychologues et thérapeutes blancs ont été sollicités. Parmi eux, Michael White, qui s'est démarqué par une posture originale. Il a dit aux Aborigènes : « On nous demande de vous aider à résoudre des problèmes que nous avons créés. C'est un peu compliqué pour nous. Nous ne connaissons rien à votre culture, à vos traditions. Donc, tout ce que nous pouvons faire pour vous aider est de vous demander de nous expliquer comment vous pensez le monde, et de rechercher dans votre culture et dans vos traditions, qui ont 50 000 ans, si par hasard il y a des solutions qui ont déjà été élaborées pour résoudre les problèmes de la communauté. »

Pour moi, le fondement même des Pratiques Narratives est là, dans cette posture modeste que Michael White adopte face aux Aborigènes. C'est l'autre qui sait, qui est expert de sa vie. C'est l'autre, en nous parlant de ce qu'il vit, en répondant à notre invitation de nous aider à l'aider, qui va s'aider lui-même. Individu ou communauté, chacun possède en lui la ressource de développer les histoires qui le rendront plus fort.

Ce que sont les Pratiques Narratives pour moi

Les Pratiques Narratives, pour moi, sont à la fois une représentation de l'être humain, une éthique de la relation à l'autre et une méthode d'intervention.

Une représentation de l'être humain

Nous savons tous que les peuples se racontent des histoires qui forgent leur identité. Certaines de ces histoires sont directement constatables : dans les légendes qu'on se répétait ou qu'on chantait jadis, dans les textes qui structurent la vision du monde, ou, à l'époque moderne, dans les manuels utilisés dans les classes par les enseignants. Qu'est-ce qu'être hébreu, chrétien, musulman, français, russe ou chinois, marxiste, néolibéral ou écologiste, sinon se raccorder à une histoire qui explique le monde et comment s'y comporter ?

Que l'identité se tisse d'histoires n'est pas seulement vrai pour un peuple ou une communauté. Comme l'a montré, en France, Boris Cyrulnik, c'est tout aussi vrai pour les individus. Chacun d'entre nous, plus ou moins consciemment, se raconte des histoires et ces histoires ont une conséquence déterminante sur la façon dont il vivra les événements qui affecteront sa vie.

Selon la narrative, il convient de parler d'histoires au pluriel. Les individus ou les communautés qui survivent à une épreuve inouïe ont parfois dû changer l'histoire qu'ils se racontaient. Mais une nouvelle histoire ne s'achète pas en magasin, comme un autre disque à mettre sur le lecteur. Une nouvelle histoire n'est vraiment nôtre que si elle se raccorde à notre intimité la plus profonde, que si elle se tisse de ce qui est déjà en nous.

La représentation que nous propose donc la Narrative de l'être humain est celle d'un être « multi-histoires ». Il peut interpréter une « histoire dominante », de même qu'on interprète une partition musicale ou un rôle. Mais, en cas de besoin, il est capable, en fouillant dans ses expériences de vie, de constituer ou de faire ressurgir une nouvelle histoire qui sera vraiment sienne tout en lui offrant des choix et des stratégies plus pertinents. Vivre sa vie différemment, en accord avec ses valeurs et principes, est l'aboutissement de la démarche narrative.

Une première conséquence de cette aptitude à produire des histoires différentes est que la personne peut être détachée du problème. Dans la représentation de l'être humain à laquelle nous invite la Narrative, il y a ce principe clé selon lequel « le problème est le problème, la personne est la personne, la personne n'est pas le problème ». On touche ici, déjà, à l'éthique dont la Narrative est porteuse.

Une représentation, donc, de la personne comme étant « multi-histoires » mais avec, parmi ces histoires, un récit qui prend davantage d'importance que les autres, que nous appelons « l'histoire dominante ».

Nous avons tous des histoires dominantes que nous faisons vivre dans les différentes étapes de notre vie. Elles se construisent à partir de ce qui se raconte et de ce qui se dit de nous dans nos milieux d'origine – famille, communauté locale ou professionnelle, école, etc. – et s'enrichissent de ce que nous vivons. Elles s'ancrent en nous au fil des années et finissent par prendre une place de plus en plus grande. Certaines de ces histoires peuvent nous aider à faire face à des situations difficiles. D'autres, inversement, peuvent nous empêcher d'avancer ou nous faire souffrir. Elles deviennent alors des « histoires dominantes à problèmes » et c'est souvent ce qui amène nos clients à venir nous voir.

Quand un client vient nous voir, il nous raconte souvent une histoire dominante à problème, par exemple : « Je suis trop timide » ou « Je suis quelqu'un qui ne sait pas prendre de décision. » Il nous raconte son histoire comme si c'était à la fois la réalité et la fatalité. « Je suis comme cela », autrement dit : « Je suis né comme cela, je ne peux pas être autrement. » Pour nous la raconter, il va aller chercher spontanément dans ses expériences de vie tous les exemples qui renforcent sa croyance qu'il est « comme cela ».

Tout le travail d'un accompagnement narratif va être d'écouter et d'accueillir cette « plainte » de notre client. J'entends « plainte » comme l'expression par une personne de sa souffrance, de son mal-être ou de son insatisfaction. Mais il ne s'agit pas seulement de l'écouter et de l'accueillir. Il s'agit de considérer cette plainte comme un hommage que cette personne rend à ses valeurs. Car un problème est un problème quand ce qui est important pour la personne est étouffé. Il s'agit donc d'abord de reconnecter celle-ci avec ce qui a de la valeur pour elle dans la vie. Son « histoire de problème » prendra alors pour elle des allures de résistance, sa manière à elle de rester fidèle à ce qui lui est important.

Ensuite, il s'agit de faire prendre conscience à notre client que l'histoire qu'il raconte ne prend pas autant de place que cela dans sa vie et qu'il y a encore beaucoup d'espace pour d'autres histoires possibles pour lui. Des histoires d'exceptions à l'histoire jusque-là vécue comme dominante et problématique.

L'inviter à aller puiser dans ses autres expériences de vie toutes les fois où le problème ne s'est pas manifesté, toutes les fois où il a eu de l'influence voire le dessus sur le problème. Avec les exceptions va naître au fur et à mesure des séances une nouvelle histoire, que nous appelons une « histoire préférée ». En prenant de l'ampleur, cette histoire préférée viendra contrebalancer l'histoire du problème qui du coup perdra de plus en plus de son pouvoir sur la personne.

Une éthique de la relation à l'autre

La narrative est une éthique car elle nous invite à avoir un regard positif sur tout être humain et à n'intervenir que dans le respect de sa responsabilité.

Elle considère aussi que, si ce que nous appelons "l'individu" existe, il ne saurait en revanche se construire, identitairement, sans la société de ses semblables. Elle s'adresse donc certes à l'individu, mais à l'individu dans une communauté - de vie, de travail, etc.

Jamais la personne et le problème ne sont confondus. Le regard du coach narratif est fondé principalement sur deux choses :
- la foi inconditionnelle dans les potentialités de l'autre, quel que soit le visage qu'il nous présente ou l'histoire par laquelle il s'est fait - comme nous disons – « recruter »;
- la foi dans sa capacité de liberté et de responsabilité par rapport aux histoires qui l'asservissent.

Chacun d'entre nous est considéré comme ayant une aptitude inaliénable à orienter le cours de sa vie. Chaque être humain est à lui-même son propre espoir. Il ne s'agit donc pas, pour le coach narratif, d'être une sorte de directeur de conscience, d'enseigner les bons comportements ou d'orienter les choix de la personne, mais d'inviter la personne qui est en face de lui à visiter des ressources qu'elle a déjà à son insu pour produire de nouvelles solutions.

Ce regard sur l'autre, prêt à accueillir, peut être facilité par des dispositions personnelles du coach, mais il n'est en aucun cas acquis et reste en permanence à cultiver et à entretenir. C'est l'effort éthique, parfois l'ascèse, propre au coaching narratif.

Une méthode d'intervention

Je ne m'étendrai pas sur cet aspect puisqu'on va le voir à l'œuvre dans les pages qui suivent. La particularité de la méthode narrative est d'être un questionnement sur les récits. Par son questionnement, le coach fait émerger les récits qui structurent l'identité et les comportements de la personne.

C'est une méthode d'intervention basée sur des conversations narratives. Derrière chaque question du coach narratif il y a une intention, celle d'aller chercher un certain type d'information.

Il y a les conversations narratives « externalisantes » : elles s'appuient sur des questions qui ont pour intention de faire émerger l'histoire dominante et de détacher la personne du problème.

Il y a les conversations de « re-autoring », avec des questions dont l'intention est d'aller chercher dans la vie des personnes tout ce qui est important pour elles : rêves, espoirs, croyances, engagements, afin de les aider à augmenter leur sentiment d'initiative et d'influence personnelles et, au final, afin de les rendre à nouveau auteur de leur vie. Qu'est-ce qu'il veut ? Quelle est son intention ? Les gens agissent toujours dans un objectif. Leur permettre de développer le plus d'histoires possible à partir de leurs intentions.

La reine des questions étant : ***Qu'est-ce qui est vraiment important pour toi ?***

Comment la Narrative est entrée dans ma vie

Quand j'étais enfant, nous habitions dans une maison qui avait été divisée en deux logements. Ils se partageaient un couloir commun, long et sombre, qui menait à un petit jardin. Si nous voulions allez jouer dans le jardin, il nous fallait traverser ce tunnel obscur. C'était l'objet de mes plus grandes frayeurs et, quand je devais y passer, je courais le plus vite possible pour ne pas m'y attarder.

Je ne me souviens plus vraiment de ce qui alimentait cette frayeur. Un jour, une institutrice nous a demandé de faire une rédaction sur une peur que nous avions un jour éprouvée. J'ai tout naturellement raconté la peur du couloir en intitulant mon texte « Le couloir de la peur ». C'est un souvenir marquant pour moi car c'est une des rares fois où j'ai eu une bonne note et où une institutrice a publiquement loué mon travail.

Mais, ensuite, je n'ai plus jamais vu ce couloir de la même manière. Il continuait à me faire peur, mais il m'avait aussi procuré une bonne note et de la reconnaissance. L'avoir intégré à une histoire avait changé mon regard et le rapport que j'avais avec lui. Jusqu'à ma mère qui, des années plus tard, me rappelait encore cette rédaction et cette belle note que j'avais eue.

A l'époque, évidemment, je ne savais pas encore que je venais de faire l'expérience de deux étapes « narratives » :

« ré-histoiriser » une épreuve et bénéficier d'un « retelling » positif. « Ré-histoiriser », c'est construire une nouvelle histoire pour changer le sens qu'on donnait jusque-là à ce qui nous arrive. Le retelling, de re-dire en anglais, c'est faire entendre à quelqu'un sa nouvelle histoire par la bouche des autres. Nous sommes des êtres sociaux et une nouvelle histoire s'ancre d'autant mieux que nous l'entendons reprise par nos semblables. C'est une manière puissante de la fortifier.

Pour en revenir à ma propre histoire, toute ma jeunesse j'ai fait l'expérience d'avoir sur moi deux regards contradictoires. D'une part, il y avait le regard aimant et positif de ma mère pour qui ses enfants étaient les plus beaux et les plus intelligents. D'autre part, il y avait le regard critique de l'école, pour qui j'étais définitivement nulle, reléguée à douze ans dans une classe de « transition ». J'avais donc à ma disposition deux histoires différentes sur moi, sur mon identité. Cette dualité, qui est sans doute une des sources de l'intérêt que je me suis découvert plus tard pour la narrative, il m'arrive de la retrouver encore de temps en temps, mais elle ne m'emprisonne plus.

Ma stratégie d'intervention narrative

Pourquoi les Pratiques Narratives me sont apparues comme une pratique pertinente pour ces jeunes

Pour tout vous dire, je n'avais pas, au moment de commencer ma mission auprès des jeunes, une stratégie bien claire et définie. Mais j'avais une intuition de ce qui pourrait être juste avec eux et c'est cette intuition qui m'a guidée tout au long de ma mission.

Au moment de les rencontrer, je savais que la plupart d'entre eux vivaient des situations difficiles dans leur famille et qu'ils n'étaient pas valorisés par le système scolaire. J'ai donc conçu un programme qui puisse leur permettre de restaurer leur image afin qu'ils reprennent confiance en eux et retrouvent de l'espoir en l'avenir.

Cette stratégie pourrait se décrire en cinq étapes :
1. Créer l'alliance
2. Détacher la personne du problème
3. Faire émerger les demandes
4. Faire expérimenter le « statut d'expert »
5. Tisser de nouvelles histoires en honorant les résistances.

1. **Créer l'alliance**

Créer l'alliance, c'était pour moi rester vigilante sur trois points.

❖ **Etre face à eux sans *a priori***

J'arrivais face à des jeunes qui, à la fois, subissent le système scolaire et n'y sont pas valorisés, bien au contraire. Des jeunes à qui l'on répète en permanence « qu'ils ont des problèmes ». Donc, pour créer l'alliance, ma posture face à eux a été essentielle. Il fallait que je veille à ne pas me laisser influencer par tout ce que je pouvais entendre sur eux : ils sont violents, ils ne savent pas bien s'exprimer, ils ont des problèmes d'apprentissage, de concentration... Ce n'est pas toujours facile. Quand, par exemple, j'étais agacée par l'un d'eux, c'était un bon baromètre pour me signaler que je n'étais plus dans la bonne posture. J'avais glissé de la posture d'accueil à la posture d'attente. Or, la clé, c'est de ne rien attendre, c'est d'accueillir ce qui vient. Telle est, selon moi, la bonne posture : être dans l'accueil et sans a *priori*.

❖ **Qu'ils sentent que je suis là pour eux**

Ils doivent ressentir que ce sont eux mes clients. Je suis avec eux, de leur côté, quoi qu'il arrive. Nous allons former une communauté, fondée sur des règles que nous allons établir ensemble. Nous allons faire un voyage. Je serai leur guide, mais c'est bien à eux de décider de la destination. Cela nécessite de ne rien faire qui les concerne sans les en informer, et qu'ils soient d'accord. Si, par exemple, un professeur veut assister à une séance, je leur demande au préalable s'ils sont d'accord. Et, s'ils sont d'accord, le professeur devra respecter nos règles.

❖ **Jouer sur la réciprocité de l'interaction**

Le dernier point se joue dans la réciprocité de l'interaction. Je ne suis pas venue leur dire ce qu'ils doivent croire ou faire. Ils doivent ressentir que ce qu'ils me disent ou me montrent m'aide moi aussi. A leur contact, j'apprends et je progresse aussi. Ce qui est évidemment vrai et qui leur permet, à la fois, d'avoir envie de parler, de partager, et ensuite les rassure sur leur capacité à apporter quelque chose à l'autre.

2. Détacher la personne du problème

« La personne est la personne, le problème est le problème, la personne n'est pas le problème ! » C'est l'un des principes de base des Pratiques Narratives.

Après avoir écouté leurs « plaintes » - au sens narratif du terme – celle notamment d'être dans cette section avec les effets sur l'image qu'ils se font d'eux-mêmes, nous arrivons très vite à nommer le problème. Le fait de nommer le problème permet de le matérialiser, de l'externaliser. Dès lors, on peut parler de lui comme d'une personne extérieure à celui qui en souffre.

Le fait de considérer le problème comme séparé de la

personne aide celle-ci à mieux mobiliser ses ressources. Le fait d'externaliser permet de créer un contexte où le jeune se situe à l'extérieur du problème et où ce n'est plus le problème qui lui dicte qui il est vraiment. Et, enfin, externaliser permet de réduire la tendance à mettre une étiquette sur les gens et les choses et à les assimiler à une pathologie.

3. Faire émerger une demande

Pour qu'il y ait un véritable coaching, il faut qu'il y ait une demande de la part de la personne coachée. La difficulté première, avec mes jeunes clients, c'est qu'ils n'ont rien demandé. On a voulu du coaching pour eux. Donc, mon travail consiste dans un premier temps à leur faire prendre conscience de l'intérêt d'une telle démarche pour eux, et ensuite à leur faire produire des demandes. Pour cette mission, je n'avais pas moins de 65 demandes à faire émerger. Des demandes qui n'ont cessé d'évoluer au fur et à mesure de notre travail en commun.

Pour réussir à mener à bien cette étape, il m'a fallu expliquer ce qu'est le coaching et l'intérêt que cela pouvait avoir pour eux. Il a fallu aussi que je valorise la démarche en leur disant que, lorsqu'on va voir un coach, c'est qu'on a non pas un problème mais un projet, un objectif, et que le coach est là pour nous accompagner vers cet objectif.

Pour les aider à faire émerger des objectifs, je leur ai posé des questions du style : « *Quel est votre objectif, pour cette année, dans la vie, au niveau scolaire ou non ? »* « *Qu'est-ce que tu as envie de réussir ? »* Pour certains, c'était d'avoir leur brevet à la fin de l'année. Pour d'autres, de trouver leur orientation pour l'année d'après ou bien tout simplement d'avoir l'idée d'un métier pour plus tard.

Une fois que chacun était parvenu à formuler son objectif, la question suivante était : « *Qu'est-ce qui pourrait t'empêcher d'y arriver ? »* Et, là, les demandes fleurissaient. Par exemple, un jeune dont l'objectif était d'avoir son brevet m'a dit que ce qui pourrait l'empêcher d'y arriver était de manquer trop souvent l'école. Ce qui était son cas. Il m'a raconté comment il s'y prenait pour s'organiser et ce qu'il privilégiait en manquant les cours. Et nous avons vu ensemble comment il pourrait faire autrement afin d'atteindre son objectif d'avoir le brevet à la fin de l'année. Les autres jeunes étaient associés à la recherche de solutions et ils devenaient ainsi des ressources les uns pour les autres. Chacune de nos rencontres était l'occasion de faire un point pour voir comment ils avançaient vers leurs objectifs.

4. Leur faire expérimenter le « statut d'expert »

Je dirai que, sur ce point, c'est à nouveau une question de posture. Le coach narratif est un « ignorant ». Il doit sans cesse se le rappeler. Ignorant dans la mesure où c'est l'autre qui sait. C'est l'autre qui sait ce qui est le mieux pour lui.

Les personnes possèdent toujours plus d'expérience réelle en elles pour résoudre le problème que toute autre personne.

Ce point est très important. Il permet à la personne de reprendre confiance en elle, car elle se redécouvre capable de savoir. Elle sait ce qu'elle vit, comment elle le vit et, si ce qu'elle vit ne lui convient pas, c'est qu'elle a une idée de ce qui pourrait lui convenir. Lorsqu'une personne se plaint de quelque chose, c'est qu'elle est au courant implicitement qu'autre chose est possible pour elle. Il convient donc de développer une double écoute : entendre à la fois l'histoire du problème et entendre le silence assourdissant de l'absent mais implicite. Et c'est cela que le coach ira chercher en questionnant, en s'étonnant, en se montrant curieux et intéressé par son interlocuteur.

5. Tisser avec eux une nouvelle histoire en honorant leurs résistances

Les gens réagissent toujours aux difficultés qu'ils rencontrent. Sinon, ils succomberaient. Cette capacité à réagir est faite de compétences, de connaissances et de compréhensions qu'ils ont de leur vie. Ces compétences, connaissances et compréhensions ont une histoire.

Tisser avec eux une nouvelle histoire qui ne soit plus l'histoire à problème, c'est rendre visible toutes ces compétences qu'ils ont construites sans les voir. C'est aller chercher avec eux toutes les *exceptions* - toutes les fois où le « problème » ne les a pas rattrapés, étouffés, paralysés - et les relier comme les épisodes d'une nouvelle histoire.

Plus on étoffe cette nouvelle histoire, et plus l'histoire à problème perd de son influence sur la personne, sur ses comportements. Et, en perdant de son influence, elle permet à la personne de redevenir auteur de sa vie.

2ème partie
Créer l'alliance et détacher le jeune du problème

La première rencontre avec les jeunes

Lors de mon premier jour dans chaque collège, j'avais le trac !

Ma première expérience a eu lieu dans une ville bien connue, parmi d'autres, pour les violences qui s'y éclatent parfois. J'ai toujours peur d'arriver en retard, alors, ce jour-là, j'étais partie de chez moi à six heures et demie du matin. La circulation était déjà dense et je me demandais où tous ces gens pouvaient bien aller à pareille heure. J'avais l'impression que la route n'en finissait pas, que je me rendais au bout du monde.

A avoir peur d'être en retard, je suis arrivée en avance d'une heure. Il en est presque toujours ainsi à vrai dire. Cela me permet de découvrir les lieux. C'est, d'ailleurs, toujours la même histoire. D'abord, il s'agit de trouver le quartier. Puis, une fois qu'on a trouvé le quartier, de dénicher le collège. Ensuite, je n'ai plus qu'à attendre et à préparer une fois encore dans ma tête cette première séance.

Multiple appréhensions. Je ne sais pas à qui je vais avoir à faire. Serai-je à la hauteur ? Ce que j'ai préparé conviendra-t-il ?

Les professeurs vont-il bien m'accueillir ?

Assise dans ma voiture, je regarde autour de moi. Les murs du collège sont tagués. J'en verrai de semblables des dizaines de fois, mais, ce matin d'une première rencontre, ils ajoutent à mon anxiété. Je regarde une fois encore ma montre. L'heure approche, lentement mais inexorablement. Je m'extirpe de ma voiture et vais sonner. Le portail glisse pour me laisser passer, puis se referme derrière moi. L'image d'une prison - que renforcera tout à l'heure l'omniprésence des serrures et des trousseaux de clés. Car chaque salle est fermée à clé une fois le cours terminé. Même les toilettes des professeurs sont fermées à clé afin qu'elles restent propres.

Me voilà dans la cour. Soudain, l'angoisse de mes « années collège » me tombe dessus. L'histoire de ma « sixième transition », analogue aux Segpa que je vais rencontrer, se rappelle à mon souvenir.

Selon mon habitude, je me suis habillée correctement, comme pour un rendez-vous important. Car c'est un rendez-vous important.

L'objectif de cette première séance est clairement de faire connaissance avec les jeunes, avec l'équipe éducative, d'expliquer la démarche et de commencer à « créer l'alliance ».

C'est le directeur d'établissement qui me reçoit. Il me présente aux professeurs. Je prends le temps de faire connaissance avec eux, de leur expliquer quelle va être ma mission, ce que je vais faire pour cette première séance, de répondre aux éventuelles questions. De les rassurer si nécessaire sur la complémentarité de nos interventions. Et surtout de m'assurer qu'ils ne pensent pas que je viens faire ce qu'ils n'arrivent pas à faire eux-mêmes.

Pour cette première rencontre, il est convenu que je recevrai les jeunes individuellement, quarante-cinq minutes chacun.

J'ai donc une journée pour faire connaissance avec chacun des jeunes.

Je me suis installée dans une salle de classe. Et, pour qu'ils n'aient pas l'impression de se retrouver dans un contexte trop habituel, j'ai commencé par réorganiser l'espace. J'ai repoussé les tables contre les murs. Dans l'espace ainsi dégagé, j'ai mis deux chaises face à face, pas trop près l'une de l'autre.

A ce moment-là, je ne savais pas du tout comment cela allait se passer, quel accueil « ils » allaient me réserver, comment j'allais les accueillir, quel allait être mon premier mot pour eux. Je me suis laissée guider par mon instinct. Je me suis fait confiance. Une fois en face d'eux, je saurais sûrement comment faire.

En ce premier jour de mon expérience de coach scolaire, quand « mon » premier jeune est entré, j'ai tout de suite compris qu'il me faudrait plus d'une séance pour gagner leur confiance. Il est entré sans frapper, la casquette vissée sur la tête, sans un regard pour moi, surpris de la disposition des chaises. Visiblement, cela le « gonflait » d'être là. Il n'avait rien demandé et on lui avait dit : « Y a coaching, il faut que tu y ailles. » Je me mets à sa place et je le comprends.

Je me suis levée, je suis allée vers lui pour l'accueillir et je lui ai serré la main. Je me suis présentée. Je lui ai demandé si je pouvais le tutoyer. J'ai ensuite invité mon « client malgré lui » à s'asseoir en face de moi. Il gardait la tête baissée, le regard au sol.

J'étais tout aussi intimidée que lui et j'ai choisi à ce moment là de le lui dire « Tu sais, c'est la première fois que je coache dans un collège. Tu es le premier jeune que je rencontre et je peux te dire que j'ai le trac. »

Alors, il a levé les yeux vers moi. Un début de contact.

Là-dessus, je lui ai dit que j'étais coach. Je lui ai demandé s'il savait ce qu'était un coach. Il m'a répondu : « C'est comme un psy. » Je lui ai dit *qu'a priori* on va voir un « psy » quand on a un problème. Quand on va voir un coach, on n'a pas de problème, on a juste un objectif, un projet.

« Donc, si tu as un projet qui te tient à cœur, au niveau de tes études, ou d'un métier que tu as envie de faire, ou de toute autre chose, on aura toute l'année pour en parler et voir avec toi tous les chemins possibles pour aller vers ton projet. »

J'ai l'impression de parler toute seule. Le contact n'est pas vraiment établi. Sans doute, je fais encore partie pour lui de ce système dont il n'attend rien. Nous sommes encore, selon sa perception, dans les figures imposées.

A chacune des premières séances, j'ai essayé de faire passer quelques messages. « Le collège a décidé pour vous ces séances de coaching, mais pour qu'il y ait coaching, il faut qu'il y ait une envie aussi de votre part. » « C'est le collège qui m'a demandé de venir, mais c'est pour vous que je suis là. » « Vous êtes mes clients. » Je me disais que s'ils arrivaient à s'approprier cette démarche, c'est-à-dire à accepter qu'il y avait là, vraiment, un espace et un temps pour eux, ce serait un premier pas dans la compréhension de « ne plus subir », pour « prendre ce qu'il y a de bien dans le système ».

Je ne sais pas trop si mon premier interlocuteur m'écoutait. Il ne tenait pas en place, ses yeux fuyaient à droite et à gauche, il changeait sans cesse de position comme s'il testait la chaise sur laquelle il était assis. Il évitait de me regarder. Je lui ai posé quelques questions sur ce qu'il aimait dans la vie, sur ses envies. Je lui ai demandé s'il avait déjà songé à un métier, comment se passait le collège pour lui. A toutes les questions, la plupart du temps, il me répondait : « *Je ne sais pas.* » Et, lors de cette première séance, c'est ce que m'ont répondu à peu près tous les jeunes. Nous nous sommes quittés au bout d'à peine quinze minutes, car je n'arrivais pas à obtenir davantage et je le sentais mal à l'aise. Et cela a été sensiblement la même chose pour tous les jeunes qui ont suivi.

A la fin de cette journée, je me suis beaucoup interrogée sur ce qu'il y avait derrière ce « *Je ne sais pas* ». J'avais l'impression qu'ils me disaient quelque chose. Mon hypothèse est que c'était une manière pour eux de se braquer, de garder la porte fermée. Une manière pour eux de me dire : « *De toute façon, quoi que je te dise, tu ne m'entendras pas, tu n'en tiendras pas compte.* » Peut-être ont-ils trop souvent entendu : « *Non, c'est pas pour toi.* » Ce « *je ne sais pas* » était le début de leur démission.

Ma réaction sur le moment a été de leur dire « *je suis persuadée que tu sais, mais peut-être ma question n'est-elle pas très claire ou peut-être est-ce un peu trop tôt pour que tu répondes à ma question* ».

A l'issue de ces premières séances en tête à tête, j'avais compris qu'il était trop tôt pour qu'ils me parlent de leurs rêves et de leurs espoirs, et qu'il fallait d'abord que je le mérite. C'était à moi de gagner progressivement leur confiance. A moi de faire émerger une demande qui vienne authentiquement d'eux-mêmes. J'avais encore du temps devant moi pour y arriver.

Mes points clés
- Arriver en avance. Avoir le temps de se familiariser avec les lieux, l'atmosphère. Avoir le temps de prendre possession de l'espace, de le réaménager afin de créer un contexte différent de celui d'une salle de classe.
- Bien éclaircir avec l'équipe éducative la démarche, le rôle du coach, notre complémentarité. Valoriser ce qui a déjà été fait ou tenté.
- Etre authentique : ceux de l'autre « tribu » voient très bien que vous n'êtes pas de la leur, essayer de faire semblant, de la jouer « copain », c'est la meilleure manière de n'être pas reconnu comme interlocuteur valable.

Mes points clés suite
- ➢ Considérer le jeune comme un client à part entière, le placer dans une posture où c'est lui qui sait ce qui est mieux pour lui. Valoriser la démarche de coaching afin qu'il puisse se l'approprier et entrevoir l'intérêt qu'il peut en retirer pour lui-même.
- ➢ La dimension relationnelle : J'ai le trac et je le dis. La communication est un partage des émotions autant qu'un partage d'informations. Se lever, aller serrer la main, c'est le registre de la chaleur. Demander l'autorisation de tutoyer, c'est le registre du respect.
- ➢ « Je ne sais pas. » Tous ceux qui travaillent auprès d'adolescents en difficulté sont confrontés à ce type de réponses. Bien comprendre ce qu'ils nous disent en nous disant « je ne sais pas ». Ne pas forcer, c'est souvent que les questions viennent trop tôt. Créer d'abord un climat de confiance.

La première séance de groupe

Deux semaines plus tard, le matin de ma première séance en groupe, j'arrive en avance comme d'habitude. Je gare ma voiture dans le parking des professeurs. Tout à l'heure, une collègue coach me rejoindra dans la salle de classe.

Afin de poser les fondations de notre démarche avec les jeunes, nous avons imaginé des activités autour de la solidarité, du travail en équipe. Nous avons apporté pour cela beaucoup de matériel.

Aujourd'hui, pour la journée entière, nous aurons toute la classe en même temps. Vingt-deux ados dont quatre filles. Mon objectif, pour cette séance « inaugurale », est triple : instaurer un climat de confiance entre le groupe et moi, co-construire les règles de notre « communauté », puis entendre leurs « plaintes ».

On n'avait pas manqué de me prévenir que, tous ensemble, cela allait être difficile. Qu'ils ne tiennent pas en place. Qu'ils sont violents entre eux. Qu'ils s'expriment difficilement faute de vocabulaire. Et qu'il en manquerait la moitié, car l'absentéisme est important.

Je m'efforçais de ne pas me laisser contaminer par ces informations.

Puis, ils sont arrivés.

Je les ai accueillis comme la fois précédente, en allant vers eux, leur serrant la main et les appelant par leur prénom. A ma grande surprise, ils étaient tous là, à peu près à l'heure. Ils ont passé une grande partie de la matinée sans quitter leur manteau ni leur sac à dos, comme pour se laisser la possibilité de partir à n'importe quel moment.

Le professeur principal était là et il s'était proposé pour rester avec nous. Prenant les jeunes à témoin, je lui ai dit qu'il fallait qu'ils soient d'accord et surtout que lui-même accepte les règles de la communauté que nous allions former, les jeunes et moi, les règles que nous allions ensemble élaborer, qui s'imposeraient à nous à compter de ce jour. Le professeur a dit « D'accord » et les jeunes aussi. Il était indispensable que les jeunes comprennent que j'étais de leur côté, avec eux et qu'ils étaient le centre d'intérêt de nos séances. C'est d'eux dont il s'agirait chaque fois que nous nous retrouverions. J'allais être très vigilante sur ce point tout au long de ma mission. Pour autant, il ne fallait pas non plus que mon intervention puisse être mal interprétée par les professeurs…

Préalablement, j'avais une fois de plus réorganisé l'espace, écarté les tables et placé les chaises en cercle. J'avais aussi affiché le programme du jour, comme on le fait lors d'un séminaire en entreprise.

Dans chaque groupe que j'ai eu, il y a eu des jeunes qui ne voulaient pas intégrer le cercle, qui se mettaient systématiquement à l'écart, dans un coin de la salle. Ou, s'ils étaient dans le cercle, ils tournaient leur chaise sur le côté, pour ne pas être face au groupe. Ma position a été tout naturellement de ne rien imposer. J'ai expliqué la raison du cercle, en leur disant que « dans certaines communautés, les tribus nomades notamment et cela depuis des siècles, les personnes se mettaient en cercle pour se raconter des histoires, car en cercle la parole circule mieux ».

A ceux qui ne voulaient toujours pas du cercle, je laissais le choix de s'installer où ils voulaient. La seule contrainte était que même à l'écart, ils participent. Et s'ils ne le voulaient pas, qu'ils ne dérangent pas ceux qui participaient. J'ai été volontairement très souple, en misant sur le fait qu'ils avaient besoin de cette posture d'observation avant d'intégrer le groupe. Ce qu'ils ont effectivement pratiquement tous fait par la suite.

J'avais conçu le programme de cette journée avec l'idée que ce soit une opportunité pour eux d'explorer d'autres manières de faire, d'agir, de s'exprimer, librement, sans jugement, dans la mesure du possible dans le respect de chacun. Qu'ils comprennent à travers cette journée ce qu'est le coaching et ce qu'ils peuvent en attendre et en retirer pour eux-mêmes.

Mes points clés
- La posture. « Le regard que l'on porte sur un individu forge son identité. » Etre vigilant à ne pas se laisser influencer par l'image que l'on pourrait nous proposer du jeune. N'avoir aucun *a priori* pour leur donner une chance de nous montrer autre chose.

- C'est le jeune qui est au centre du dispositif, c'est de lui dont il s'agit. Il faut que les jeunes sentent bien que nous sommes là pour eux, que le coach est de leur côté. Donc les consulter régulièrement sur les décisions à prendre. C'est le seul moyen de créer un climat de confiance et de sécurité. C'est cette confiance qui peu à peu permettra aux demandes d'émerger.

- Ne rien imposer. Etre volontairement souple. Les laisser intégrer la démarche à leur rythme.

Co-construire les règles de notre communauté

Les deux ressources de n'importe quelle communauté sont le lien et la loi ou, dit autrement : l'esprit d'équipe, la solidarité, et les règles de fonctionnement. Les règles, on les respecte et on les fait respecter d'autant mieux qu'on en est auteurs. Mon enjeu, ce matin-là, était donc de rendre ces jeunes auteurs des règles que nous devrions respecter et qui nous permettraient d'avancer efficacement lors de nos futures séances.

Nous étions assis en cercle. Je leur ai d'abord expliqué qu'en coaching nous avions trois règles de base : la bienveillance, le non-jugement et la confidentialité, et que je m'attacherais à les respecter. Je leur ai demandé s'ils voulaient bien les respecter avec moi. Ils ont été d'accord. Puis, pour co-construire nos règles, je leur ai posé des questions comme : « De quoi avez-vous besoin pour vous sentir bien au sein de notre groupe ? » ou « De quoi avez-vous besoin pour pouvoir vous exprimer pendant nos séances ? » Il y a eu les premiers éclats de rire quand certains ont dit « à boire » ou « à manger ».

J'ai donné successivement la parole à chacun d'entre eux en demandant de formuler sa réponse en un mot, un mot représentant la règle *qu'il aurait envie de défendre*. Au fur et à mesure, j'ai noté chaque mot précieusement. Je demandais systématiquement : « Pourquoi ce mot ? » et je m'assurais qu'il était bien compris et accepté de tous. Je terminais chaque fois en demandant à son auteur s'il acceptait d'être le garant, le responsable de son mot. Si, par exemple, il avait choisi « l'écoute » en m'expliquant qu'il faut que les autres écoutent quand quelqu'un parle, il était en droit de réclamer de l'écoute, à n'importe quel moment, s'il sentait que dans le groupe cette règle n'était pas respectée.

Pour ceux qui avaient du mal à formuler quelque chose, j'avais noté des mots sur une feuille. Ils pouvaient y choisir le leur ou y puiser de l'inspiration. J'ai moi-même choisi un mot : « Joie » que je me suis attelée à faire respecter tout au long de notre programme.

Nous nous sommes ainsi retrouvés avec, pour chaque classe, une liste de règles différentes, propre à chaque groupe, des règles humaines que je ne me privais pas de rappeler à mes chers clients au début de chaque séance et surtout quand le besoin s'en faisait sentir, d'autant qu'après avoir rassemblé ces règles sur un poster, je leur avais demandé de bien vouloir les signer, ce qu'ils avaient fait.

Outre la régulation de notre communauté, cet exercice des règles avait aussi pour objectif que chacun puisse s'exprimer sur une valeur importante pour lui, une chose précieuse qui me donnait accès à une autre facette de leur identité.

Voici quelques exemples de mots qui ont émergé de ces séances :

Silence, Respect, Gentillesse, Non-violence, Sincérité, Parole, Aide, Ecoute, Echange, Dialogue, Politesse, Protection, Humour, Curiosité, Participation...
Pour des jeunes censés avoir très peu de vocabulaire, je trouvais que c'était un beau début.

Un jeune homme avait choisi le mot « Silence » et n'avait pas souhaité s'exprimer sur le choix de ce mot. Nous l'avons néanmoins pris en compte. Il a magnifiquement incarné cette règle car je n'ai pas entendu le son de sa voix pendant les trois premières séances. Il ne parlait pas mais avait une forte présence et je le questionnais au même titre que les autres à chaque exercice. Ce n'est qu'à la fin de cette troisième séance, au moment de le quitter, alors que je lui tendais la main pour lui dire au revoir, qu'il m'a dit « *la dernière fois, j'avais choisi le mot silence car je ne veux pas être obligé de parler si je n'en ai pas envie* ». Il lui a fallu ce temps pour me répondre. Je l'ai remercié de me l'avoir dit et félicité d'avoir si bien défendu son mot. Par la suite, nous avons entendu sa voix à chaque séance.

Les jeunes d'une des classes ont même proposé à leur professeur principal, présent à cette séance, d'afficher ces mêmes règles dans leurs salles de cours et d'en faire aussi leurs règles de classe. Le professeur a accepté et m'a dit plus tard, que les jeunes continuaient à défendre leurs mots en classe.

Une jeune fille m'a également dit qu'elle avait raconté cette séance de coaching à sa famille et décidé d'afficher les mêmes mots sur son frigo, à la maison, avec l'accord de ses frères et sœurs.

Mes points clés
- Co-construire les règles de la communauté a plusieurs vertus :
  - Les jeunes produisent quelque chose qui peut leur donner envie de s'exprimer et s'expriment sur ce qui est important pour eux.
  - Ils entendent ce qui est important pour les autres.
  - Ils font un premier pas en tant qu'*auteurs*.
  - Ils se sentent entendus donc respectés et intègrent que pour être entendu et respecté il faut également entendre et respecter les autres. C'est le jeu de la réciprocité et c'est de leur responsabilité.

Susciter l'esprit d'équipe

Après la première partie de la matinée, consacrée à l'énonciation des règles qui nous permettront d'être bien ensemble, la deuxième partie a pour objectif de développer un esprit d'équipe au sein de la classe.

Lors des séminaires en entreprise, on appelle cette phase : « constituer le groupe ». En effet, nos différences font qu'il y a une richesse formidable au sein d'un groupe. Pour qu'elle s'exprime, il faut des règles qui protègent la communication, mais il faut aussi que les membres du groupe s'apprécient mutuellement et trouvent l'envie de partager avec les autres ce qu'ils ont à partager.

Pour leur faire expérimenter la nécessité et les avantages de la solidarité, nous avions imaginé des jeux dont l'un consistait à faire une pyramide avec des gobelets en plastique. Dans chaque équipe il y a ceux qui ont les mains attachées et ceux qui ont les yeux bandés. Il n'y a que ceux qui ont les yeux bandés qui ont le droit de toucher les gobelets. Ceux qui ont les mains attachées doivent les aiguiller. L'équipe qui aura réussi la plus haute pyramide aura gagné. Le jeu a eu beaucoup de succès.

Ensuite, comme on le fera systématiquement au cours de nos rencontres, on débriefe ce qui s'est passé, ce qu'on a ressenti, ce qui nous a aidé, ce que l'on retient, les idées qu'on peut transposer à la vie scolaire.

A midi, nous avons déjeuné tous ensemble. Nous avons réuni toutes les tables pour en faire une seule grande. La cantine nous avait pourvus de quoi faire un pique-nique et, dans un des collèges, la directrice de l'établissement avait même préparé des tartes qu'elle nous a apportées. Au début, les jeunes s'agglutinaient à un bout de la table, nous laissant, ma collègue, quelques profs et moi à l'autre. Bipolarisation aussi spontanée que naturelle. Puis, petit à petit, nous nous sommes retrouvés mélangés. Nous avons même eu droit, à la fin du repas, à des confidences. Certains nous ont fait écouter leurs musiques, d'autres ont dansé.

Ce fut le seul déjeuner que nous avons eu avec les jeunes mais ils m'en ont parlé quasiment à chaque séance, comme d'un moment formidable qu'ils avaient envie de recommencer.

Ecouter leurs plaintes

Un autre des objectifs de la première séance collective était de les faire s'exprimer sur « le problème » : « Ce que je n'aime pas en Segpa. »

J'avais imaginé un exercice qui puisse les aider à illustrer leurs propos. Je leur ai distribué des photographies représentant quantité de choses hétéroclites. J'ai proposé que chacun d'eux en choisisse une qui symbolise pour lui ce qu'il n'aime pas dans le fait d'être en Segpa, puis d'expliquer en quoi l'image qu'ils avaient choisie était symbolique de leur problème. Ceux qui le souhaitaient étaient invités à s'exprimer debout devant le groupe.

Ils s'en donnaient à cœur joie ! J'ai noté leurs principales plaintes, sans rien changer de leur manière de parler ou d'écrire.

A chaque séance je notais leurs mots. A la séance suivante, je leur faisais relire mes notes, que j'avais soigneusement dactylographiées et imprimées, pour être sûre d'avoir bien compris leurs mots. Parfois, ils rectifiaient, mais le plus souvent ils étaient agréablement surpris que je reproduise leur parole sans rien en oublier. Et, symboliquement, voir leurs propres mots soigneusement imprimés prenait du sens pour eux : ils se sentaient entendus et compris. Il n'était pas rare, par la suite, qu'ils me demandent après avoir dit quelque chose : « Vous avez noté Madame la coach ? »

Après avoir bien écouté leurs plaintes, j'ai proposé qu'ils nomment « leur problème ». « Et si on donnait un nom à ce que vous ressentez ? Un nom qui incarnerait l'image que vous avez de vous en Segpa. Et si le problème était un personnage, quel personnage serait-il ? »

Ils se sont vite mis d'accord sur le mot « gogol ».

Le problème le plus important, celui qui est le plus souvent ressorti et qui les empêche de se projeter sereinement dans l'avenir, est qu'on les prend pour des « gogols ».

« Gogol » est leur « histoire dominante » au collège.

L'histoire dominante d'une personne est celle qu'elle se raconte en permanence et qui donne sens, pour elle, aux événements qu'elle vit. En l'occurrence, l'histoire que se racontent ces jeunes et, ainsi, tout ce qu'ils disent d'eux-mêmes, tout ce qu'ils nous donnent à voir, c'est : « On est des gogols. »

Leurs mots

« Il y a la 3ème normale et la 3ème Segpa, pas normale »
« Les profs des classes normales parlent mal de nous »
« On a du mal à trouver un stage car sur les conventions il y a marqué Segpa »
«Les autres élèves se moquent de nous »
« Dès qu'il y a un problème, c'est les Segpa »
« On met en Segpa ceux qui ne sont pas comme les autres, ceux qui n'y arrivent pas »
« Mon père, il me dit que je suis un délinquant parce que je suis en Segpa »
« J'aimerais bien aller une semaine en 3ème normale pour voir comment c'est »
« J'aime pas les gens qui n'aiment pas les Segpa »
« J'aime pas les moqueries sur nous »
« Je me sens mis à l'écart »
« Les salles de classes Segpa sont sales et pas entretenues »
« On ne nous apprend pas assez de choses par rapport aux générales »
« On est pas considérés comme les autres (générales) »
« C'est mieux la générale »
« On est pointés du doigt »
« On se sent toujours sur la défensive »
« On dit de nous qu'on est des attardés mentaux »
« La Segpa c'est une tempête à surmonter »

Leurs mots suite

« Il y en a qui croient qu'en Segpa on rentre en classe, on nous donne une pilule pour nous calmer comme chez les fous »
« D'autres qui croient qu'on nous donne des cubes comme les enfants pour nous occuper »
« L'école ça fait mal »
« C'est comme si je jouais avec un jeu, je suis tout seul. J'avance pas avec les autres »
« J'inspire la désolance »
« On dit qu'on est dans une section d'enfants sauvages »
« On dit de nous qu'on a des problèmes de comportements »
« On dit de nous qu'on a des problèmes psychologiques »
« Que l'on a des familles à problèmes »
« Qu'on ne sait rien faire »
« Qu'on apprend plus lentement que les autres »
« Qu'on est une menace »
« Que nous sommes violents »
« Qu'on est des animaux aux comportements bizarres »
« Qu'on est différents par le mental »
« Qu'on est voués à l'échec »

Mes points clés

➢ **Ecouter leurs plaintes** : Les faires s'exprimer sur tout ce qui leur pose problème en Segpa. Sur les effets que ces problèmes ont sur eux et sur leur vie au collège. Ne pas hésiter à leur demander d'illustrer leurs propos par des histoires vécues comme problématiques au collège.

➢ **Honorer leurs mots** : s'adresser à eux en reprenant bien leurs mots et en validant et reformulant régulièrement. Noter tout ce qu'ils disent précieusement et le leur faire relire régulièrement. Faire quelque chose de leurs mots, un premier pas pour prendre en compte leurs plaintes.

➢ **Externaliser le problème** : Enquêter sur ce qui leur pose problème et le nommer. Considérer le problème comme séparé du jeune. Cela va aider le jeune à se mobiliser davantage face à son problème. Le fait d'externaliser permet de créer un contexte où le jeune se situe à l'extérieur du problème et où ce n'est plus le problème qui lui dicte qui il est vraiment. Une fois que la personne ne parle plus d'elle comme de quelque chose qui pose problème mais comme quelqu'un qui est affecté par un problème, de nouvelles options apparaissent pour elle. Il devient plus facile de réfléchir à « comment se mettre à l'abri des effets du problème ».

3ème partie
Tisser une nouvelle histoire

Tisser avec eux une nouvelle histoire : « l'histoire préférée »

Une fois la confiance installée entre nous, après avoir bien écouté leurs plaintes et fait émerger et nommer « le problème », tout le reste de ma mission allait consister à leur faire me raconter une autre histoire que l'on nomme en Narrative « l'histoire préférée ». Celle qu'ils ne penseraient pas à raconter spontanément car elle a été délaissée ou négligée au profit de l'histoire dominante « Gogol ».

Une histoire alternative faite d'"exceptions, de résistances, d'influence qu'ils ont déjà sur leur problème. Une histoire nourrie d'espoirs, d'engagements et de valeurs.

Une histoire préférée qui pourrait être la réponse à : « *Avec ce que vous vivez de difficile dans la vie, dans vos familles, au collège, comment faites-vous pour être encore debout ? Pour avoir cette énergie incroyable ?* »

Il s'agit, pour moi, de leur faire prendre conscience que ce sont eux « les experts de leur survie » et de faire émerger toutes les ressources qu'ils ont déjà en eux.

Chaque séance, chaque exercice, chaque questionnement qui suivra n'aura pour objectif que de venir étoffer cette nouvelle histoire.

Et plus l'histoire préférée prendra de l'ampleur, plus l'histoire dominante « gogols » perdra de son influence.

Mes points clés
- **L'intention :** derrière la posture du coach, il y a une intention et c'est ce qui la rend influente. L'intention ici est clairement d'aller chercher dans l'histoire du jeune des exceptions à l'histoire de « Gogol » : les fois où il a mené à bien une expérience, les fois où cela se passe bien pour lui au collège, les fois où il a eu de l'influence sur son histoire « Gogol », etc.
- **L'exception :** elle confirme la capacité cachée mais bien réelle du jeune à se donner une autre histoire. Il s'agit de mettre en lumière et de valoriser, grâce à ces récits d'exceptions, tout ce que le jeune a su mettre en œuvre, de sorte qu'il se reconnaisse capable d'action face à ce qui lui arrive.
- **La valeur :** ce à quoi on donne une valeur constitue une ressource. Faire émerger ce qui est important pour le jeune, ce à quoi il accorde de la valeur et qui l'aide à avancer.

Le re-telling de Pierre

Le re-telling est un concept de la méthode narrative. Le mot n'est qu'approximativement traduisible en français. « To re-tell », en anglais, signifie « redire ». Par re-telling, nous entendons qu'après qu'une personne « a dit » son histoire, quelqu'un d'extérieur la lui « redit ». Pourquoi cela ? Parce que l'histoire dont se tisse notre identité n'est pas qu'une production intérieure de nous-mêmes. C'est une production, un tissage, collectifs. Dans le cas de mes jeunes clients, on voit clairement qu'ils nourrissent une histoire de « gogols » dont ils ne sont que co-auteurs.

C'est à peu près à ce moment-là de ma mission que je me retrouve en séance de supervision avec Pierre Blanc-Sahnoun. La supervision est une pratique courante chez les psychanalystes, les psychothérapeutes et les coachs. Elle permet d'exprimer et d'analyser leurs expériences auprès d'un confrère souvent plus expérimenté, de comprendre plus finement ce qui s'est passé dans les interactions avec leurs clients, et d'améliorer ainsi leur pratique et la gestion de leurs affects.

Lors de ma supervision avec Pierre, je lui raconte donc où j'en suis avec les jeunes. Je suis d'ailleurs incapable de lui parler d'autre chose. Ce que je vis avec eux prend toute la place. Je suis intarissable sur ce qu'en séance ils m'apportent de fraîcheur, d'enthousiasme, d'intelligence. Je montre à Pierre des photos prises avec leur accord pendant les séances collectives. On y voit des jeunes plein de vie, qui dansent, qui chantent, qui rient, qui prennent fièrement la pose pendant les exercices.

Je sens Pierre très ému par ce que je lui raconte. Le soir même, il m'envoie un mail avec un texte où il s'adresse à moi pour leur parler. Un texte magnifique, plein de sensibilité, de poésie et de résonance, dont l'intention est clairement de renforcer l'influence que ces jeunes ont déjà sur leur mauvaise histoire « Gogol ». C'est un « retelling » que je vais m'empresser de leur lire dès notre prochaine rencontre.

Lorsque je lis ce texte de Pierre aux jeunes, on pourrait entendre une mouche voler. C'est la seule et unique fois où ils seront attentifs tous à la fois pendant plus de cinq minutes.

Je crois pouvoir dire que l'alliance a été réellement scellée entre eux et moi à ce moment-là. Imaginez : j'avais parlé d'eux à « quelqu'un » ! Et ce « quelqu'un » leur parlait comme on ne leur avait encore jamais parlé. Comme si ce « quelqu'un » les connaissait, voyait en eux.

Ils ont tous été très émus par ce qu'ils ont entendu ce matin-là. Même les plus endurcis. Et moi, j'étais pour eux celle qui leur apportait ce message, celle qui avait rendu cela possible.

Ce jour-là, j'ai gagné ma place au sein de notre communauté. Je méritais à présent qu'ils commencent à m'en dire davantage sur eux.

Par la suite ils me demandèrent régulièrement des nouvelles de Pierre. Ils lui ont fait une réponse collective. Un jeune lui a offert et dédicacé un de ses dessins et lui a dessiné son portrait – très ressemblant - sans l'avoir encore rencontré.

> **Mes points clés**
> ➢ **Honorer leurs mots**, comme je l'ai précédemment écrit. Il y a plusieurs manières de le faire, dont le re-telling.
> Le re-telling peut être fait par le coach lui-même ou par toute autre personne.
> Dans ce dernier cas, c'est sous la condition que cela ait du sens, que les jeunes aient donné l'autorisation d'en parler à ce tiers. et que celui-ci ait bien compris l'intention du re-telling, qui est de renforcer l'influence que les jeunes ont déjà sur leur problème.
> ➢ **L'importance de la supervision** pour lever des points de blocage et ouvrir vers de nouvelles possibilités.

Le re-telling de Pierre

« Dina, quand je t'ai demandé pourquoi tu appréciais tant les Segpa-men et les Segpa-women avec qui tu travailles dans les collèges, tu m'as raconté plusieurs histoires. Tu m'as parlé de cette jeune fille qui n'était pas venue la première fois et à qui tu as écrit une lettre, et qui ne se rendait pas compte qu'elle était spécialement importante pour les autres. Tu m'as parlé de ce garçon qui a pris les mots au tableau et qui en a fait un rap. Tu m'as parlé de cette jeune fille qui a ramené ces mots à la maison et parce qu'ils lui plaisaient bien, qui les a partagés avec sa famille et les a mis sur le frigo, et de son frigo qui maintenant contient de la nourriture et puis des mots. Tu m'as parlé de cet autre garçon qui dessine tout le temps et tu m'as dit que tu es impressionnée par son talent et qu'il t'a donné un dessin, et nous avons regretté tous les deux que tu ne l'aies pas amené parce que ce dessin est précieux pour toi et que j'aurais vraiment aimé le voir, mais tu n'avais pas l'autorisation de l'auteur de me le montrer. Tu m'as parlé de cette jeune fille qui avait lu un texte qu'elle avait écrit pour ses camarades et que ce texte était tellement beau dans son courage que tu avais été émue aux larmes. Tu m'as montré les photos que tu as prises et j'ai vu des jeunes hommes et des jeunes filles qui éclatent de rire, qui éclatent de vie, j'ai pensé qu'ils avaient du talent comme les jeunes artistes de "Fame" et je me suis dit que tu avais vraiment de la chance de travailler avec des gens qui savent faire tellement de belles choses.

Tu m'as dit aussi qu'ils ont pour la plupart d'entre eux lutté contre des problèmes importants dans leur vie : violence, abus, exclusion et puis ce problème qu'ils ont appelé "Gogol" et dont les effets agissent sur leur image auprès des profs et des autres élèves. Tu m'as dit que tu étais fascinée par leur force et l'intelligence qu'ils mettent pour y arriver quand même, pour ne pas se faire écraser par ces problèmes, pour résister, pour continuer à avancer, et je suis très impressionné par cela, et j'aimerais bien en savoir plus sur comment ils font, parce que la plupart des gens que je connais essaient de résister à des problèmes beaucoup plus petits et ils n'y arrivent pas tellement. Cela me servirait pour mes clients d'en savoir un peu plus sur leurs méthodes pour rester cool et lutter contre les problèmes.

Ce qui me parle très fort à moi, c'est leur volonté d'être respectés et de résister à la mauvaise histoire "Gogol" qu'on leur balance tout le temps dans la figure. Parce que ça veut dire qu'ils ont gardé le sentiment de leur dignité. Et ça, ça me touche vraiment. Ca me touche vraiment parce que quand mon grand père est venu en France, il pensait que ses enfants et sa famille méritaient mieux que la vie de merde qu'ils avaient dans leur pays, parce qu'il pensait qu'ils avaient de la valeur. C'est ça que les Segpa-people me font me rappeler et que tu m'aies raconté leurs histoires va faire de moi un meilleur papa parce que je vais me souvenir encore plus de dire à mes enfants que leur arrière-grand-père avait eu une idée de la dignité qui lui a permis d'essayer de s'en sortir et une idée de leur

valeur.
Alors remercie-les de ma part et de la part de mes enfants pour m'avoir donné cela. Si moi à mon tour je peux leur donner quelque chose, je le ferai avec plaisir.

Bien amicalement à toi. »
Pierre

La réponse des jeunes à Pierre

Pierre,

« Merci de nous avoir écrit. Ca fait chaud au cœur. » « Il dit qu'on est des humains comme tout le monde. » « Ca nous aide, il nous donne du courage, il nous fait réagir. » « Il nous donne de l'espoir, il est très gentil. » « Il ne nous connaît pas et pourtant il sait qu'on est pas des gogols. » « Un grand merci, j'ai bien aimé ton texte. Je suis très fière de toi. » «Je voudrais te remercier de nous avoir écrit ce texte, tu m'as très bien encouragé. » « Vous êtes un homme très sympa. » « L'histoire de son grand-père est triste. » « On voudrait bien vous rencontrer ou communiquer par lettre avec vous ou manger ensemble un jour. » « Vous êtes un bon papa. » « Il dit qu'on l'a aidé alors qu'on a rien fait. » « Il a écrit de belles choses. » « Je ne savais pas qu'on pensait de moi des choses bien. » « Nous vous remercions d'avoir fait ce texte pour nous, ça nous touche vraiment. » « Il faut qu'il vienne pour le remercier. » « On aimerait bien vous connaître. » « Venez nous voir si ça vous dérange pas. » « Ca fait plaisir. » « On dirait qu'on est des supers héros. » « On est courageux parce qu'on a surmonté plein de trucs. » « On se reconnaît. » « On dirait qu'il va nous découvrir. » « On pense à son grand-père. » « Ca me fait de l'émotion, je ne peux plus parler. » «Tu t'en rends pas compte mais quand on te le dit ça fait plaisir. » « Il nous comprend. » « Il pense à nous. » « Il nous soutient. » « Ca *nous a fait du bien, ça nous donne des idées, ça nous donne envie d'être forts, de s'accrocher à l'école. » « Merci de croire en moi. » « Il faut bien connaître les gens avant de les juger. » « Il faut accepter les gens comme ils sont. » « Il voit ce que l'on vit dans ce collège. » « Ca donne de la force. » « Je voudrais te remercier de ta confiance envers nous. » « Merci de nous avoir dit ça. »*

Les Segpa-men et Segpa-women
Janvier 2009
PS. Un dessin pour toi de la part de Tayeb

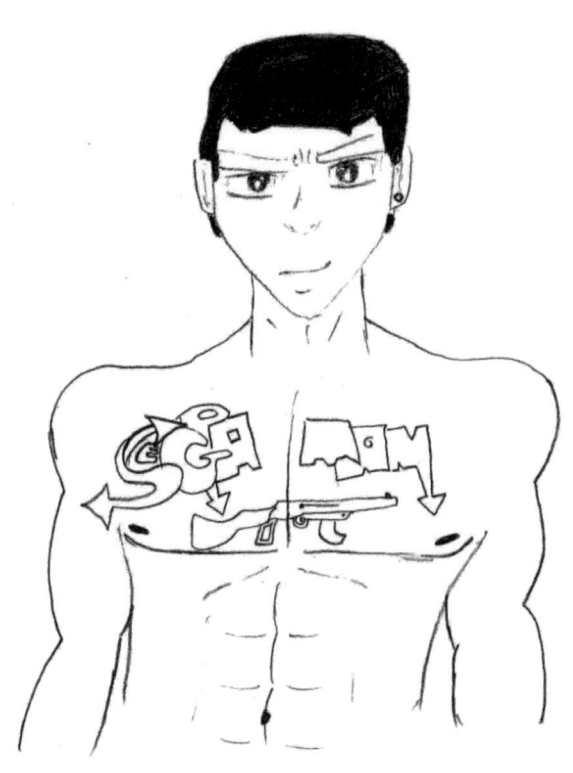

Pour toi
Pierre et
Merci
   Merci de nous avoir encouragé

« Mon portrait et celui de Pierre par Tayeb. Je nous trouve très ressemblants, surtout mon nez rond et l'air ahuri de Pierre. »

La réponse de Pierre à la réponse des jeunes

"Chers Segpa-men et Segpa-women,

Dina m'a transmis votre réponse au message que je lui avais envoyé à votre sujet. C'est une réponse impressionnante de force, de respect et d'intelligence. Je voudrais vous en remercier. J'ai été incroyablement ému en lisant votre lettre et en regardant le dessin magnifique de Tayeb et même maintenant que je la relis, et que je regarde à nouveau le dessin, je ressens à nouveau cette émotion.

Ce qui m'a ému, particulièrement, est quand vous dîtes que vous ne saviez pas qu'on pensait de vous des choses bien, car cela veut dire que certains pensent de vous des choses mauvaises et racontent de mauvaises histoires sur vous. Je trouve ça injuste et révoltant car ça vous empêche de vous souvenir des bonnes histoires. Quand on raconte tout le temps de mauvaises histoires sur nous, nous devenons aussi mauvais que ces histoires.

Merci pour avoir aimé mon grand-père. Merci pour avoir dit je suis fière de toi. Merci (et respect) pour la force et la puissance qu'il y a dans le dessin de Tayeb, le garçon a son fusil sur le cœur mais je vois bien dans ses yeux que le fusil est pour se protéger le cœur de tout ce qui pourrait le briser. Merci pour m'avoir dit que je suis un bon papa, je vais le partager avec mes enfants. Merci pour avoir dit que ma lettre vous donnait envie d'être forts et de vous accrocher. C'est vrai que vous êtes des super héros. Des super héros de la vie qui ont surmonté plein de trucs. D'avoir lu votre lettre et reçu le dessin m'a donné un peu de votre pouvoir. Je suis devenu un peu plus grand. »

Pierre

Histoires de compétences

J'en suis déjà à ma cinquième séance avec les jeunes. Je commence à bien connaître les lieux. Comme j'arrive toujours en avance, je rencontre souvent les femmes de ménage qui n'ont pas terminé leur service. Elles ont tout le temps le sourire et m'accueillent avec chaleur. Elles me proposent toujours de m'aider à installer ma salle. J'aime bien discuter avec elles, elles connaissent bien les jeunes. Elles me parlent d'eux avec beaucoup d'amour et de compassion comme si elles voulaient les réhabiliter à mes yeux : « *Ils ne sont pas méchants, il faut les connaître* », « *Vous savez, ils ont des vies difficiles* », « *Quand je suis en retard, parfois ils m'aident et poussent le charriot* », « *C'est comme mes enfants* », « *Vous vous rendez compte, des fois ils viennent au collège le ventre vide. Ils savent que j'ai toujours des gâteaux avec moi pour eux*»… J'aime ces moments partagés avec elles. Je vais souvent m'accrocher à leurs sourires pour tenir le coup quand ce sera difficile pour moi, avec les jeunes ou avec les professeurs. Elles ne sauront jamais combien elles m'ont aidée.

L'encadrement éducatif s'est habitué à ma présence régulière. On m'a même donné un passe-partout pour que je sois plus autonome dans le collège. Je prends toujours le temps de parler aux professeurs et aux directeurs des établissements. Après chaque séance je vais leur faire un petit compte-rendu. Nous déjeunons souvent ensemble.

Cela m'a permis de constater que les professeurs de Segpa vivaient sensiblement les mêmes problèmes que les jeunes. Ils restent entre eux et se sentent souvent moins bien considérés que leurs collègues des sections dites « normales ».

Quant aux jeunes, ils apprécient nos séances. Lors de la précédente, comme je faisais un petit bilan avec eux pour savoir comment ils vivaient le coaching, une jeune fille m'a dit : « *Je ne sais pas ce que cela m'apporte, mais tout ce que je sais c'est que j'aime bien quand il y a coaching.* » C'est déjà ça !

Pour cette cinquième séance, j'ai prévu de les faire s'exprimer sur leurs compétences. Comme j'ai constaté qu'il était difficile pour eux de parler de leurs qualités, de ce qu'ils savent bien faire, de ce qu'ils aiment et de ce qui est précieux pour eux dans la vie, j'ai organisé une séance en binôme et j'ai demandé à chacun de venir accompagné du camarade avec lequel il s'entend le mieux. Une fois les deux amis devant moi, j'ai posé le cadre : « *Je vais vous demander, chacun à votre tour, de me parler de votre camarade, des raisons qui font que vous êtes amis. Pendant que l'un parle, l'autre doit écouter et ne rien dire. Il s'exprimera, s'il le souhaite, à la fin.* »

L'objectif est que chacun se voie à travers le regard de l'amitié et ainsi se redonne confiance en soi.

Mes questions :
- « Pourquoi avoir choisi d'être ensemble pour ce binôme ? »
- « Qu'est-ce qui vous lie tous les deux ? »
- « Peux-tu me dire ce qui te plaît chez lui ? »
- « Qu'est-ce qu'il sait bien faire et que tu lui envies ? »
- « A-t-il fait un jour quelque chose qui t'a plu, épaté, fait rire ? »
- « Que penses-tu qu'il aime chez toi ? »
- « Qu'est-ce qui vous a amenés à être amis ? »
- « A ton avis, pourquoi a-t-il voulu être ami ou en binôme avec toi ? »
- « Est-ce que le fait de le connaître t'a permis de faire des choses que tu n'aurais pas faites sans le connaître ? »
- « Peux-tu nous raconter une histoire qui illustre ça ? »

A la fin de l'exercice, j'étoffais en demandant au jeune qui avait écouté : « *Qu'est-ce que cela te fait d'entendre ton ami dire cela de toi ? Qu'est-ce que cela dit de toi ? Qu'est-ce que tu as appris sur toi ? De ce qui est important pour toi ?*

« *Et qui autour de toi, parmi les personnes qui te sont proches, ne serait pas étonné que tu aies ces compétences-là ?* » L'intention étant, lorsque l'on a découvert ce qui est précieux pour la personne, d'aller chercher qui, dans son histoire, ne serait pas surpris de ce trésor. D'aller volontairement chercher des personnes qui comptent dans sa vie et qui vont contribuer à épaissir cette nouvelle histoire.

Cet exercice a été un moment fort de ma mission. Les jeunes ont su très bien exprimer les qualités qu'ils appréciaient chez leur binôme. C'était très émouvant de voir l'étonnement et la satisfaction sur les visages, quand ils entendaient les belles choses que l'autre disait d'eux, par exemple : *il est drôle, elle s'habille bien, grâce à elle je suis plus féminine, il fait bien de la moto, elle sait bien cuisiner, grâce à lui je suis moins timide, je l'aime bien, il est gentil, elle est sérieuse, c'est un bon élève, il aime rendre service, il est doué en math et il m'aide quand je ne sais pas, elle est toujours de bonne humeur, elle répète pas ce qu'on lui dit, il n'est pas violent et je suis plus calme depuis que je le connais, il dessine bien, on a les mêmes délires ensemble, il court vite, il est moins con que les autres, elle ne se laisse pas faire, elle est courageuse, j'aimerais bien savoir danser comme lui...*

Quand il ou elle disait par exemple : « *Il aime rendre service* », je demandais : « *Peux-tu me raconter une histoire qui dit qu'il aime bien rendre service ?* » « *Eh ! bien un jour, il a réparé le vélo d'un petit de 6^è.* »

Ils se sont tellement bien sentis pendant cet exercice que, par la suite, ils m'ont souvent demandé à le refaire avec d'autres camarades.

En Pratiques Narratives, chaque question, je l'ai déjà écrit, recèle une intention. Là, clairement, l'intention était de leur faire prendre conscience que l'on n'est pas ami avec eux par hasard, qu'ils ont de la valeur, qu'ils apportent quelque chose à l'autre.

Mes points clés
- **Le regard et la parole de l'autre :** ils façonnent notre identité, en bien ou en mal.
- **Etre à l'affût de tous les indices** de compétences et de qualités cachées ou non explicitées, et les faire expliciter par un tiers de sorte qu'elles soient entendues de la personne concernée.
- **Quand les compétences s'explicitent, bien étoffer.** « Qu'est-ce que ça te fait d'entendre cela de toi ? » « De qui tu tiens ça ? » « Est-ce que tu peux me raconter une histoire qui dit que tu sais si bien faire ça ? »
- **Bien intégrer et prendre en compte le contexte de manière systémique.**
  Montrer que ce n'est pas seulement le binôme qui pense cela, mais faire apparaître que d'autres personnes de l'entourage connaissent les qualités et les compétences évoquées.
- **Faire régulièrement un petit bilan** coaching avec les jeunes pour voir ce qu'ils retiennent et si tout va bien pour eux à ce stade.
- **Faire preuve d'imagination** et trouver des exercices qui permettent d'aider les jeunes à percevoir les compétences qu'ils ont en eux et/ou qu'on leur reconnaît.

Les aléas du coaching dans les collèges

Je suis maintenant à mi-parcours de ma mission auprès des « segpamans ». Segpaman, c'est le nouveau nom qu'ils se sont trouvés pour illustrer la nouvelle image qu'ils ont d'eux. Ils m'ont lancé : « Nous sommes les Segpamans » avec la même vigueur et fierté que s'ils m'avaient dit « Nous sommes les Supermans. »

C'est à peu près à cette période que j'apprends, par l'association qui m'emploie et que je vois régulièrement pour faire le point, que certains de mes collègues coachs se heurtent à des difficultés importantes dans les collèges où ils interviennent. Des problèmes de rapports conflictuels avec les professeurs, des problèmes d'adhésion des jeunes au programme de coaching… Cela n'a pas manqué de remonter aux oreilles de l'Inspection d'académie qui a pris la décision, sans prévenir les coachs ni l'association, d'envoyer à l'improviste un inspecteur dans tous les collèges où nous intervenons afin de voir comment se déroulent nos interventions.

J'ai donc eu l'agréable surprise, en pleine séance, alors que j'étais avec deux jeunes filles à travailler sur les compétences, de voir débarquer un inspecteur. Il a frappé à la porte, s'est présenté brièvement et est allé directement s'asseoir au fond de la classe en me disant de faire comme s'il n'était pas là.

J'ai mis un petit moment à réaliser ce qui se passait. Je lui ai gentiment demandé si nous pouvions en discuter auparavant tous les deux afin que je lui explique les règles du coaching et lui dise où nous en étions. Il m'a dit « non », a ajouté qu'il était pressé et que les jeunes avaient l'habitude.

J'ai été à ce moment-là totalement déstabilisée. Pendant un moment je ne savais plus quoi faire. Je ne savais pas si je devais accepter ou non sa présence. J'ai vite supposé que cela devait être lié aux problèmes que certains coachs rencontraient et que ce n'était peut-être pas le moment d'aggraver la situation. J'ai pensé aux jeunes. Il fallait pour eux que notre programme aille à son terme.

J'ai donc accepté la présence de cet inspecteur. Mais, sans lui faire un cours de systémique, je lui ai quand même dit que je ne pouvais pas faire comme s'il n'était pas là, pour la simple et bonne raison qu'il était là. Donc, nous ferions avec lui.

J'ai expliqué aux deux jeunes filles quelle était la situation et qui était cette personne. Bien que sachant que nous n'avions pas le choix, je leur ai demandé si elles étaient d'accord pour qu'il assiste à notre séance. Heureusement elles ont accepté.

J'ai tenté de continuer normalement ma séance, mais mon histoire dominante d'ancienne élève de classes de transition a refait surface. Je voyais mon visiteur, au fond de la classe, prendre des notes. Je n'arrêtais pas de me dire qu'il devait me trouver « nulle ». Je me disais même, oubliant mon DESU en Ressources Humaines Coaching : « Il va voir que je n'ai pas le bac. » J'ai vécu cette intrusion de manière assez violente. Pour les jeunes cependant, je pense que cela n'a pas eu d'incidence notable.

Dans le souvenir que j'en garde, cela n'a pas été ma meilleure séance. Je me suis demandée comment cet homme formé à inspecter des professeurs et non des coachs, allait pouvoir nous juger sans connaître notre métier, nos principes et nos méthodes. Sur quels critères allait-il se baser ? Je n'ai pas eu le temps de lui poser la question, car il est parti dès la fin de la séance sans avoir le moindre échange avec moi. J'ai vécu une situation à laquelle les enseignants sont habitués et je me demande comment eux-mêmes la vivent, surtout ceux qui tentent de faire des choses originales…

Les règles auxquelles j'ai adhéré en choisissant d'être coach : bienveillance, confidentialité et non jugement, en ont pris un sacré coup ce jour-là.

Nous sommes neuf coachs à avoir été inspectés le même jour. Nous avons tous réagi de manière différente. Certains ont refusé la présence de l'inspecteur, d'autres ont carrément annulé leur séance, d'autres ont tenté de dialoguer et certains comme moi ont décidé de poursuivre leur travail. Je pense qu'il n'y avait pas de bonnes ou de mauvaises décisions. Chacun d'entre nous a fait comme il le sentait dans le moment.

Nous n'avons jamais eu de retour de cette « descente ». La mission a continué, ce qui peut être le signe que les rapports d'inspection n'ont pas été mauvais et que notre travail a été, au moins en partie, compris. Par la suite, cependant, certains collèges ont demandé à changer de coachs et l'une d'entre nous a souhaité arrêter sa mission et a dû être remplacée.

Mes points clés

➢ **Emotion :** quelque « rôdés » que nous soyons, notre métier a à voir avec les émotions. Le piège serait de se vouloir – c'est-à-dire de se *croire*, parfaitement rationnels. Reconnaître nos émotions quand elles surviennent, est la seule manière de ne pas en devenir le jouet.

➢ **Impondérables :** bien sûr, les choses se passeraient mieux si elles se passaient comme nous les avons rêvées. Mais une partie de notre compétence consiste à accueillir l'imprévu, à rebondir sur lui ou au moins à « faire avec ».

- ➤ **Rapport à soi :** j'aurais pu me barricader dans l'abstraction de ce qu'on m'a appris : pas de tiers en séance ! Au nom de la règle, j'aurais pu mettre l'inspecteur dehors ou clore la séance, en tout cas refuser de travailler en sa présence. Je me suis sentie davantage à l'aise de continuer : c'était *ma* solution, celle que j'ai pu mettre en œuvre dans mon authenticité.
- ➤ **L'essence de la mission :** à ne jamais perdre de vue. J'ai pensé aux jeunes qui risquaient de perdre le bénéfice de nos interventions. Pour moi, l'enjeu était là et il ne s'agissait pas de donner une leçon à cet inspecteur, fût-ce sur le coaching !
- ➤ **L'inspiration du moment :** Je crois que dans l'urgence il faut savoir accueillir ce que notre instinct nous propose et mettre momentanément le conceptuel entre parenthèses.

Faire la connaissance de Mélanie

Dans un des collèges où je suis intervenue, une jeune fille ne souhaitait pas participer au coaching. Cette jeune fille s'appelle Mélanie.

Cependant, à chaque séance, son prénom était prononcé. Par ses camarades d'abord, qui, quand il fallait constituer des groupes pour les prochaines séances proposaient systématiquement de se mettre avec Mélanie. Ensuite, par les professeurs qui trouvaient que c'était dommage qu'elle ne participe pas au coaching, que c'était une jeune fille intelligente mais qui gâchait ses capacités par son absentéisme ou par sa violence durant les cours. Mélanie vivait des choses très difficiles dans sa famille, rejetait toute autorité et tout ce qui était proposé par le collège.

J'ai cherché un moyen d'entrer en contact avec elle sans la brusquer. J'ai finalement décidé de lui écrire une lettre, que j'ai adressée au collège, à son nom. J'avais pris soin de choisir une jolie enveloppe, un beau timbre. J'avais prévenu la directrice du collège afin qu'elle ne soit pas étonnée et qu'elle puisse lui transmettre le courrier.

Mélanie a bien reçu ma lettre. Elle a été, comme vous pouvez vous en douter, extrêmement surprise de recevoir un courrier au collège. A la séance suivante, Mélanie m'a fait l'honneur de sa présence. Ce jour-là, il était prévu de travailler en binômes. Quand je suis arrivée, elle était déjà là à m'attendre. Elle a souhaité passer la première, seule. Elle voulait que je lui raconte dans les moindres détails tout ce que ses camarades et ses professeurs avaient dit d'elle qui m'avait donné envie de la connaître. Elle ne se lassait pas de l'entendre. Elle a souhaité me raconter ce qu'elle vivait de difficile dans sa vie, dans sa famille, comme pour justifier son comportement.

Par la suite, Mélanie a été présente. Elle était très leader dans le groupe et faisait beaucoup d'efforts pour que nos séances se passent au mieux. Il n'était pas rare qu'elle prenne ma défense quand il arrivait qu'un jeune ne me parle pas très bien : « *On parle pas comme ça à la coach, elle est là pour nous.* »

Lettre à Mélanie

« Chère Mélanie,

Nous ne nous connaissons pas encore, je suis Dina Scherrer, je suis coach et, comme vous le savez sûrement, j'interviens en ce moment dans votre classe.

J'ai beaucoup entendu parler de vous par vos camarades, notamment Bandjougou, qui vous a choisie pour être en binôme avec lui lors d'une prochaine séance. J'ai aussi entendu parler de vous par vos professeurs qui m'ont dit que vous étiez une jeune fille vraiment sympathique et intelligente même si parfois vous leur donniez un peu « de fil à retordre. »

Tout cela m'a donné très envie de vous connaître. Je reviens au collège le 9 décembre. Si vous décidez de venir à cette séance et si vous vous posez des questions concernant le coaching, je serai ravie de pouvoir vous répondre. Si vous ne souhaitez toujours pas venir, vous pouvez aussi me transmettre vos questions par un camarade.

Quoi qu'il en soit, chère Mélanie, j'espère à très bientôt.

Bien à vous,
Dina Scherrer – Coach

Mes points clés
- **Etre à l'écoute de son ressenti** : j'avais réellement envie de connaître cette jeune fille. J'entendais beaucoup parler d'elle. Cela m'intriguait. Même absente des séances, elle était là par la pensée de ses camarades et professeurs.

- **Honorer les mots :** Les jeunes et les professeurs m'ont dit beaucoup de choses sur elle qui m'ont donné envie de la rencontrer.

- **Trouver la forme** qu'allait prendre ce re-telling pour Mélanie. En l'occurrence, la lettre. Mélanie a été surprise et touchée que ses camarades et professeurs parlent d'elle de cette manière.

- **Faire de ce re-telling une base de travail** avec Mélanie pour développer une nouvelle histoire. « Qu'est-ce que cela te fait que tes camarades et professeurs parlent de toi comme cela ? Qu'est-ce que cela dit de toi ? »

Les chansons qui nous aident à vivre

Plus j'avance dans ma mission auprès des jeunes et plus je m'aperçois que j'apprends énormément à leur contact. J'apprends notamment qu'il est important d'adapter sa pratique au public avec lequel on travaille.

Coacher des adolescents consiste à adapter en permanence les exercices à ce qu'ils connaissent, à ce qui les intéresse dans la vie. Quand je leur ai demandé « *Qu'est-ce qui vous aide à tenir le coup quand ça va mal ?* », tout naturellement ils m'ont unanimement répondu : la musique. Ils ont tous un lecteur MP3 en permanence sur eux, avec les musiques qu'ils aiment et qu'ils téléchargent régulièrement.

L'adaptation de ma pratique a donc consisté à leur proposer une séance collective autour du thème : « Les chansons qui nous aident à vivre. » L'objectif, hormis de donner du sens au fait d'écouter telle ou telle chanson, était qu'ils réalisent l'influence des chansons dans leur vie. Je leur ai demandé d'apporter à cette séance un morceau qui les a soutenus dans les moments difficiles et de le partager avec les autres.

Je leur ai dit : « Pensez à ce morceau que vous écoutez quand ça va mal et qui vous fait du bien, qui vous stimule dans l'action ou qui est attaché à un souvenir vraiment précieux pour vous. » Ensuite, je les ai fait se mettre en binômes en leur demandant de se poser les questions suivantes à tour de rôle.

- « Qu'est-ce que cette chanson apporte ou a apporté à ta vie ? »
- « Quelle est l'histoire de ta relation avec cette chanson ou ce morceau ? »
- « Qu'est-ce que tu aimes dans cette chanson / morceau (mélodie, paroles, sentiment, rythme) ? »
- « Qu'est-ce que cette chanson fait résonner dans ta vie ? Quelles choses importantes comme des valeurs, des sentiments, des idées, sont-elles associées avec cette chanson ? »
- « Ces valeurs ont-elles toujours été importantes pour toi ? D'où te viennent-elles ? »
- « Quelles images cette chanson fait-elle naître dans ton esprit ? »
- « Quelles sensations fait-elle naître dans ton corps ? »
- « Est-ce qu'il y a d'autres choses liées aux sens ? »
- « Est-ce qu'elle évoque des gens ou des endroits importants ? »
- « Est-ce qu'elle te transporte dans le temps ou dans l'espace ? Où ? »
- « Quand l'écoutes-tu, et qu'est-ce que cela te permet de faire ou d'atteindre ? Est-ce que tu l'écoutes d'une façon différente à des moments différents ? »

A la fin de l'exercice on a débriefé en grand groupe : ce que je retiens, ce que j'ai appris, comment j'ai vécu cet exercice.

Cette séance a eu beaucoup de succès. Les jeunes avaient un grand bonheur à faire écouter ce qu'ils aiment et à donner du sens à ce qu'ils écoutent.

Cette séance a aussi été pour eux l'occasion d'exprimer d'autres talents, tels que le chant et la danse.

Avec cette séance nous avons rendu hommage aux différences et découvert des musiques du monde, une berceuse turque, du rap de banlieue, des chants africains, du raï. Des musiques ancrées dans leur histoire.

Comme il y avait quelques rappeurs parmi nous, je leur ai proposé aussi d'écrire un rap sur le thème : « Ce que je pense de la Segpa. »

Mes points clés
- **L'adaptation :** adapter les séances au public. Partir de ce qu'il aime et qui lui est familier.

- **L'intention :** donner du sens à ce que font les jeunes. Ils n'écoutent pas une musique par hasard. Ils l'ont choisie parce qu'elle leur plaît, qu'elle leur fait du bien... Les rendre acteurs de leurs actions.

- **Partager et honorer les différences :** échanger avec les autres, entendre les musiques des autres, mutualiser ce qui les aide dans la vie.

- **Co-créer :** sur le thème de la Segpa, pour les plus inspirés, écrire un rap.

Le rap de Mickaël

Ske jpence de la segpa , et la rue.

On n'est en S.E.G.P.A on nous traite d'animal o micro j'ai la dal et jai pa mal sui en kiff ken mes pote me dise kon jbarre a pigale mon pote aité verre ken el la recale pour ten el aité pa mal. Mon son tfai mal o crane criave des doliprane.il nou dise section enfant sovage j'ai renplie ma page, jpren les virage a la rage en directe du 94 120 couzin fière detre bois cadien et algerien , j'ai fai un pacte avec dina a la cité on fou la rallah o comisser té bien visser des cta darone vient chercher o comiseria tu di ske ta comie c rien mai c seriu jdetesse les baceux sui verre sur eux dédicasse o poto a bagneux jrap comme un caske bleu en cour jfou lfeu jveu des billé verre nike les éneux les yébille jlé veux jroule a 2009 kilomaitreure j'baise le procurere en C B R. en smomen jpence a kaston on n'a un minimum d'éducation on veux pilot des bolide plein tpolution en cour fait pal fou jte teg du balcon.

$2lar$ de VDF

La colère de Mickaël

Quand j'arrive ce matin-là au collège, il est prévu des séances en binôme.

Ibrahima et Mickaël, toujours inséparables, entrent et s'assoient en face de moi. Mickaël est un jeune homme réputé continuellement violent envers les autres comme envers lui-même. On ne s'est pas vus depuis une quinzaine de jours. A la question « *Quoi de neuf depuis la dernière fois ?* », Mickaël me dit qu'il revient de deux jours d'exclusion pour avoir jeté une pierre à la tête d'Ibrahima, son meilleur ami. Je lui demande pourquoi il a fait cela. Qu'est-ce qu'Ibrahima lui avait fait ? Il me répond « *Il ne m'avait rien fait. J'étais juste en colère et quand je suis en colère, il faut que je frappe quelqu'un.* » Je lui demandé : « *Et après avoir lancé la pierre, qu'est-ce que tu as ressenti pour Ibrahima ?* » Il me répond droit dans les yeux : « *Rien, ça ne m'a rien fait.* » Je lui ai dit que j'avais du mal à croire qu'il n'ait rien ressenti et je me tourne vers Ibrahima qui est à côté de lui. « *A ton avis, Ibrahima, tu penses aussi que ça ne lui a rien fait de te lancer cette pierre ?* » Ibrahima réfléchit et me dit : « *Je ne pense pas, car comme j'étais un peu sonné, il m'a secoué et il m'a dit : ça va Ibrahima ?* » J'ai vu, à la tête de Mickaël, qu'il était content de ce que venait de dire son ami. Comme s'il était rassuré. Tout n'était pas mauvais en lui. Il a souri.

Je lui ai demandé de me raconter l'histoire de sa colère. Depuis quand venait-elle lui rendre visite ? Est-ce qu'il la sentait arriver ? Quels avantages cela pouvait avoir pour lui qu'elle soit là ? Qu'avait-il déjà tenté pour lui résister ? Qui pourrait l'aider à calmer sa colère ? A qui ou à quoi pourrait-il penser dans ces moments-là pour l'apaiser ? A cette dernière question, il a répondu sans hésiter : « Mon grand frère. C'est le seul qui sait me parler et me calmer et aussi je ne veux pas le décevoir. » Et Ibrahima, le merveilleux ami, de proposer spontanément : « *Si tu veux, quand tu seras en colère je te parlerai de ton frère.* »

J'ai recueilli pendant cette séance beaucoup d'informations sur la colère de Mickaël. Qu'elle venait lui rendre visite depuis son plus jeune âge. Qu'il l'a sentait arriver de loin. Qu'elle lui permettait de ne jamais baisser les yeux, de garder la tête haute. Que pour ne pas sombrer il se raccrochait à ce qui est important pour lui : ses origines algériennes, sa passion pour le rap.

Ce jour-là, Mickaël m'avait fait un beau cadeau en parlant de sa colère et je me disais qu'il fallait que je fasse quelque chose de tout ce qu'il m'avait confié. Honorer ses mots. J'ai écrit une lettre à sa colère que je lui ai remise quand on s'est revus. Une lettre ou je m'adresse à elle en reprenant tous les mots qu'il m'avait dits. Une lettre dont l'intention était clairement de renforcer l'influence que Michael avait déjà sur sa colère et de lui faire prendre conscience qu'elle pouvait aussi être une alliée et lui permettre de rester debout malgré les coups durs de sa vie.

Aux séances qui ont suivi, Mickaël a commencé à me parler de ses projets et de ce qu'il aime dans la vie : le rap, passer un CAP de restauration et plus tard avoir son restaurant. Il m'a parlé aussi de sa nouvelle petite amie qu'il a envie de garder plus longtemps cette fois. Mickaël commençait à laisser un peu de place à d'autres histoires possibles pour lui.

Au début de chaque séance, je demandais à chacun un mot d'humeur. « Comment je me sens, là, tout de suite, au moment de démarrer cette séance ? .» La dernière fois que j'ai posé cette question à Mickaël, il m'a répondu : « Je suis un volcan en éruption. Un volcan qui crache de la joie. »

Mes points clés

➢ **Externaliser la colère** : la personne est la personne, le problème est le problème, la personne n'est pas le problème. L'histoire du problème de Mickaël est la colère qui le rend violent parfois. Lui faire parler de la colère, enquêter sur elle, ses avantages et ses inconvénients… Ecrire à la colère contribue à l'externaliser un peu plus, car je m'adresse à la colère, pas à Mickaël.

➢ **Honorer les mots** : Considérer que Mickaël m'a fait un beau cadeau en me parlant de sa colère et faire quelque chose de ses mots.

➢ **Re-telling** : Sous la forme d'une lettre ou je m'adresse à la colère en reprenant bien tous les mots de Mickaël, en faisant bien ressortir toute l'influence que Mickaël a déjà sur elle.

Lettre à la colère de Mickaël

Chère colère,

Mickaël m'a longuement parlé de vous la dernière fois que je l'ai vu. Il m'a dit que vous lui teniez compagnie depuis son plus jeune âge.

Il m'a dit que quand vous étiez là il n'était plus tout à fait le même, il sent une violence monter en lui qu'il a parfois du mal à contrôler. Néanmoins, si Mickaël accepte votre présence depuis si longtemps, c'est parce que, quand vous êtes là, vous lui donnez aussi du courage. Vous lui donnez la force de se révolter, de lutter contre l'injustice. L'injustice de devoir affronter si jeune des coups durs dans sa famille, dans sa vie. L'injustice de voir partir sous ses yeux son meilleur ami. Et exprimer sa colère lui permet, comme il le dit si bien, de pouvoir garder la tête haute, de ne jamais baisser les yeux, de ne pas se soumettre, de ne pas sombrer.

Ne pas se soumettre, c'est aussi ne pas se soumettre totalement à vous chère colère. Car ce qui me fascine chez Mickaël, c'est la volonté qu'il met à résister pour ne pas tomber du mauvais côté de la violence. Car lutter contre l'injustice, c'est lutter aussi pour la justice. Il a compris que pour rester du bon côté de la route il pouvait se raccrocher à ses origines algériennes, il pouvait penser à son grand frère qu'il aime tant. Son ami Ibrahima s'est même proposé de lui parler de son frère quand il sentira qu'il en a besoin.

Pour Mickaël, ne pas baisser les yeux, c'est aussi vous défier chère colère. Ne pas céder à la facilité et réfléchir à ce qu'il pourrait faire d'autre pour gagner cet argent qui est si important pour lui. Penser à son avenir et à se faire confiance. Aimer sa nouvelle petite amie sans avoir peur de lui faire du mal. Penser à son futur métier de restaurateur.

Et enfin, garder la tête haute, pour ne pas vous décevoir et pour se consacrer à ce qui le rend le plus fier aujourd'hui dans la vie, sa musique, le rap. Car comme le dit si bien son ami Ibrahima, il rap comme il respire.

Merci chère colère de lui permettre cela.

Dina – la Coach

Les qualités qui nous permettent de faire face aux situations difficiles

S'adapter toujours et encore. On a beau avoir minutieusement préparé notre séance, il est important de savoir improviser pour prendre en compte ce que les jeunes nous apportent.

Parfois, ce qu'ils apportent est bien lourd à porter. Comme cette jeune fille qui arrive un jour en séance avec des béquilles. C'est d'ordinaire une jeune fille très énergique, qui rit tout le temps. Aujourd'hui elle est anormalement calme. Son inséparable amie l'aide à porter ses affaires. Quand je lui demande ce qui lui est arrivé, elle ne me répond pas. Je n'insiste pas. Malheureusement, ce ne sera pas un cas isolé : souvent, des jeunes arriveront avec des bleus, des cocards. La violence est chose courante entre eux. Comme ce jeune qui ne veut jamais sortir au moment des pauses et qui a fini par m'avouer que d'autres l'attendent systématiquement pour le frapper. Et, me disent-ils, impossible de dénoncer les coupables, car ce serait encore pire après.

C'est justement à la pause que cette jeune fille est venue spontanément me raconter ce qui lui était arrivé. Elle rentrait du collège avec son inséparable amie. Une bande de garçons lui a demandé de frapper son amie, comme ça, pour rien. Ils lui ont dit qu'ils lui fracasseraient la jambe si elle ne le faisait pas. Violence gratuite, jeu lamentable. Elle n'a pas frappé son amie, et la voilà avec des béquilles et l'impossibilité de pouvoir dénoncer qui que ce soit. La loi du silence. J'ai senti dans sa manière de me dire « *je ne l'ai pas fait* » qu'elle était plutôt contente d'elle. Je lui ai dit que son amie avait beaucoup de chance d'avoir une amie comme elle, aussi courageuse.

Il n'était pas rare que certains jeunes soient violents entre eux devant moi. Dans ces moments-là, j'interrogeais celui qui avait frappé et, pour donner du sens à ce qu'il faisait, j'allais chercher l'éthique qu'il y avait derrière son acte de violence. Je lui demandais par exemple : « Pourquoi le frappes-tu ? » S'il me répondait : « Il m'a mal parlé », je lui disais : «C'est important pour toi qu'on te parle bien ? » Alors, le jeune disait : « Ben oui, j'suis pas d'la merde ! » Et moi de conclure : « Donc tu veux être respecté. Le respect c'est important pour toi ? » « Ben oui ! » Aller chercher l'éthique derrière un acte de violence permet d'aborder les valeurs précieuses pour les jeunes et permet également que le jeune pose un autre regard sur lui-même en passant de l'identité d'un jeune violent à celle d'un jeune qui veut être respecté. C'est plus acceptable et valorisant pour lui. Avoir été entendu et reconnu dans ce qui est important pour lui, lui permet de ne plus faire appel à la violence pour se faire comprendre.

Lors de cette séance, j'en ai profité pour proposer aux jeunes d'identifier chez eux quelque chose qu'ils ont, ou qu'ils ont développé, et qui leur permet de se sortir de situations difficiles.

L'objectif était d'étoffer un peu plus leur « histoire préférée », qu'ils réalisent qu'ils ont déjà mis en place leurs propres systèmes de défense, qu'ils ont de l'influence sur ce qui leur arrive, et qu'ils soient en mesure, grâce à cet exercice, d'identifier eux-mêmes les qualités qui le leur permettent.

Pour inciter les jeunes à se raconter et pour qu'ils comprennent bien ce que j'attendais d'eux, je n'hésitais jamais à leur livrer des exemples personnels. Pour cette séance, par exemple, je leur ai raconté que, lorsque je me trouvais face à une situation difficile, source d'angoisse, souvent j'utilisais l'humour, je disais des bêtises. Cela faisait diversion et m'évitait de montrer mon malaise.

Je leur ai dit que j'avais certainement dû hériter cela de mon père qui aime aussi beaucoup raconter des histoires drôles. Je leur ai dit aussi que, dans ma famille, on n'osait pas se dire les choses directement et que l'humour nous aidait à faire passer des messages.

Ils appréciaient que je me confie à eux. Je n'étais pas différente d'eux. J'avais moi aussi des difficultés contre lesquelles je devais lutter.

Je leur ai demandé, pour cet exercice, de se mettre par trois et de s'interviewer à tour de rôle en faisant en sorte qu'il y en ait toujours un qui écoute et qui prenne éventuellement des notes et qui soit aussi une ressource pour les deux autres s'ils ne comprenaient pas la question ou rencontraient une difficulté.

> « Qu'est ce qui vous aide à vous sortir de situations difficiles ? »
> « Décrivez une chose (une qualité) que vous avez en vous ou que vous avez développée et qui vous aide dans les coups durs. »
> « Partagez une histoire où cette qualité spéciale vous a vraiment aidé. »
> « Qui ne serait pas étonné, autour et près de vous, que vous ayez cette qualité-là ? »
> « D'où vous vient-elle ? Comment l'avez-vous acquise ou bien qui vous l'a apprise ? »
> « Est-elle liée d'une façon ou d'une autre à un groupe, à votre famille, peut-être à une communauté, ou une culture à laquelle vous appartenez ? »

A la fin de l'exercice, chacun écrivait la qualité qu'il s'était trouvée sur un post-it et venait coller celui-ci au tableau, et il devait dire au groupe :
- « sa qualité »,
- « comment il avait vécu cet entretien »,
- « ce qu'il avait appris sur lui-même »,
- « ce que ça disait de lui ».

Ont émergé de cet exercice des qualités originales, voire étonnantes.

Aïssata, par exemple, nous a raconté que pour éviter la violence dans le collège, pour ne pas que les garçons viennent l'embêter ou pour ne pas être encline à céder à de mauvaises tentations, eh ! bien, elle jouait les petites filles. Elle faisait l'enfant. Car, disait-elle, « les petites filles, ça ne fait pas de bêtises ». Alors, on se moquait d'elle, mais on ne l'agressait pas. Elle passait pour immature alors qu'en réalité c'était une stratégie pour qu'on l'oublie, pour qu'on ne fasse pas trop attention à elle.

Sassi, lui, nous a raconté que la qualité qui l'aidait le plus pour se sortir des mauvais coups était le mensonge. Qu'il mentait « super bien ». Il nous a raconté de belles histoires de mensonges qui lui ont permis d'éviter d'être racketté ou d'être puni par des professeurs. Et, nous disait-il, sa mère l'encourageait à raconter des histoires pour qu'on le laisse tranquille.

Quant à Mohamed, sa principale qualité était de savoir et d'aimer courir. Il aime ce qu'il ressent quand il court. Il nous a raconté que, lorsque son père est mort, il est parti courir avec son grand frère. Ils ont couru très longtemps, tous les deux, sans se parler. Ils sont revenus épuisés, mais cela leur avait fait beaucoup de bien.

Mes points clés

➢ ***Etoffer leur nouvelle histoire*** : plus nous avançons dans les séances et plus cette nouvelle histoire s'épaissit.

➢ ***Les rendre auteurs*** de cette nouvelle histoire : c'est leurs expériences, celles qu'ils vivent, celles qu'ils racontent qui permet d'épaissir leur nouvelle histoire.

➢ ***Mutualiser les ressources*** : raconter son histoire et se nourrir des histoires des autres.

➢ ***Re-telling*** : pendant le débriefing, résonner à l'histoire de l'autre. Qu'est-ce que cela vous fait d'entendre ce que votre camarade a réussi à faire ? Qu'est-ce que cela dit de lui, de ce qui est important pour lui ?

➢ ***Faire émerger l'éthique derrière un acte de violence*** : afin d'entendre et de reconnaître les valeurs du jeune. Afin que le jeune change de regard sur lui-même et afin de calmer sa violence. Car, une fois entendu et reconnu dans ce qui est précieux pour lui, il n'a plus besoin de faire appel à la violence pour se faire comprendre.

Histoires de projets

En section Segpa, on prépare les jeunes très tôt au monde du travail. Ils ont, au sein du collège, des ateliers professionnels. Selon les établissements, les activités proposées diffèrent. Là où je suis intervenue, il y avait des ateliers de menuiserie, mécanique, couture, horticulture, vente, ferronnerie.

Dès la 4^{ème,} les jeunes doivent faire aussi des stages en entreprise. Ces stages sont plus nombreux et plus longs qu'en section « générale ». En 3ème par exemple, ils doivent faire deux stages, en début et en fin d'année, chacun de trois semaines.

Une de mes missions était de les accompagner dans leurs projets d'orientation professionnelle afin qu'ils aient l'idée d'un métier qui leur plairait et qu'à la fin de la 3ème, ils soient en mesure de choisir l'orientation le plus en rapport avec celui-ci.

Bien évidemment, il y avait les conseillères d'orientation pour les aiguiller et répondre à leurs questions. On attendait plutôt de nous de les ouvrir aux métiers possibles pour eux, afin qu'ils puissent exprimer des choix et se représenter tous les chemins possibles pour aller vers ce choix. On attendait donc de nous de les rendre davantage acteurs de leur orientation. Car, s'ils avaient à peu près tous envie de quitter rapidement le système scolaire, ils avaient néanmoins beaucoup de difficultés à se projeter dans l'avenir. Sans compter qu'ils avaient déjà l'habitude qu'on leur dise : « Non, ça c'est pas possible pour toi. » A quinze ans, peu sont capables de dire ce qu'ils veulent faire plus tard. Mais surtout, s'ils ont une idée, ils ont peur de l'exprimer car ils redoutent de s'enfermer pour la vie dans un métier et de ne plus pouvoir revenir en arrière.

Toujours est-il que mes 65 jeunes clients devaient terminer l'année scolaire avec, en poche, un projet d'orientation qui soit le leur le plus possible. J'ai attendu d'être à mi-parcours de ma mission pour commencer réellement à aborder ce sujet avec eux, le temps pour eux de gagner en confiance. Une confiance qui leur permettrait d'avoir l'envie et l'énergie de se projeter dans l'avenir et d'oser exprimer des choix.

Certains n'avaient qu'une hâte : quitter l'école au plus vite et gagner leur vie. D'autres préféraient trouver une filière qui leur permette d'obtenir rapidement un diplôme qualifiant. Les plus studieux envisageaient le lycée professionnel avec un bac professionnel à la clé. Je ne suis pas une spécialiste de l'orientation ou des filières et c'est tant mieux car, de ce fait, c'était à eux de m'expliquer ce qui leur paraissait le mieux pour eux. C'est comme cela qu'ils m'ont appris ce qu'était le CFA (Centre de formation d'apprentis) pour ceux pressés de gagner leur vie. On peut y faire un CAP en deux ans tout en travaillant en alternance. Mais, pour cela il fallait d'abord trouver un patron qui veuille bien les accueillir.

Pour ceux qui avaient choisi cette option, il fallait dans un premier temps les sensibiliser à l'intérêt de bien choisir leur stage, dans une filière qui les intéresse. Quand vous avez une piètre opinion de vous-même, vous pouvez être tenté de nier vos propres désirs et de prendre ce qui passe à votre portée, même si c'est ce que vous ne souhaitez pas vraiment.

Puis il s'agissait de leur faire prendre conscience des fruits d'une bonne implication une fois qu'ils seraient en stage dans une entreprise : c'est là qu'on peut donner envie à un patron de les garder ou de les recommander.

Au cours de chacune des séances suivantes, nous avons consacré du temps à la manière de s'organiser pour trouver un stage en entreprise, à la façon de se présenter, de s'exprimer.

En ce qui concernait ceux qui faisaient le choix d'intégrer un lycée professionnel pour passer un CAP ou un Bac Pro, il s'agissait de les amener à repérer quels établissements correspondraient le mieux aux choix d'orientation qu'ils avaient fait.

Chaque séance devint le moment de faire un point pour savoir où ils en étaient de leur projet. Chacun devait aussi s'exprimer sur sa prochaine étape, sur ce qu'il s'engageait à faire pour se rapprocher de son objectif. Il fallait qu'à chaque séance les projets aient un peu avancé. Et, s'ils n'avaient pas avancé, il fallait mettre au jour quel était le blocage et comment il fonctionnait.

Au début à la question : « *Quel métier envisages-tu* ? », les garçons m'ont à peu près tous répondu : plomberie, mécanique. Vous remarquerez qu'ils ne répondaient pas

« Je veux être plombier » ou « Je veux être mécanicien » tant il leur était encore difficile de s'approprier un métier. Pour les filles, les choix se portaient principalement sur la coiffure, la vente, le secteur sanitaire et social.

Quand je leur demandais : « Pourquoi la plomberie ? », ils ne savaient me répondre que : « Parce que », ou : « Je ne sais pas », ou encore : « C'est bien, plomberie. » Quant aux stages, ils les faisaient là où ils pouvaient, souvent sans qu'il y ait de lien avec le métier qu'ils voulaient éventuellement faire.

Il m'a fallu souvent emprunter des détours pour avoir accès à ce qui pouvait les intéresser. Avec des questions du style : « Est-ce qu'un jour tu as su ce que tu voulais faire ? » « Quel genre de vie as-tu envie d'avoir, de vivre ? » « Quels sont les gens qui pour toi ont une vie cool ? » « C'est quoi la réussite pour toi, pour ta famille ? » Des questions qui visaient à les mettre en contact avec : « Qu'est-ce qui est le plus important pour toi ? »

Je leur ai dit aussi que, à quinze ans, il est normal de ne pas encore savoir le métier qu'on veut faire. Qu'il ne s'agit pas de choisir un métier, mais seulement une orientation, une voie « au plus près de ce que vous aimez faire ou de ce que vous aimeriez faire dans la vie ». Mais que, si ce n'était pas eux qui choisissaient, d'autres choisiraient pour eux.

Je leur ai expliqué que nos séances pourraient les aider à identifier le meilleur choix pour eux aujourd'hui, à identifier aussi les compétences qu'ils avaient en eux ou qu'ils pouvaient développer, et les chemins possibles pour y accéder. Et surtout que rien n'est jamais figé, que tout peut toujours évoluer. Qu'ensuite, avec un CAP ou un BEP, ils pourraient se réorienter vers d'autres métiers. Qu'une fois qu'ils auraient l'idée d'un projet professionnel possible pour eux, il leur faudrait trouver un stage dans ce secteur d'activité afin de valider si c'était ou non cette orientation qui leur convenait.

Bref, il s'agissait pour moi de donner du sens à leurs actions, à leurs choix. En retrouvant du sens, il y avait de grandes chances qu'ils retrouvent par la même occasion de la motivation. La plupart venait au collège sans savoir vraiment pourquoi, ne comprenait pas l'intérêt d'être là. Un jeune m'a même dit un jour qu'il n'arrivait pas à retenir ce qu'il apprenait. Je lui ai demandé de regarder par la fenêtre de sa classe, sans autre consigne. Deux minutes après, je lui ai demandé de se retourner vers moi et de me dire ce qu'il avait vu. Combien il y avait d'arbres dans la cour, combien de bancs, combien de maisons au loin. Il ne savait pas. Je lui ai demandé de regarder à nouveau pendant deux minutes et je lui ai reposé des questions sur ce qu'il avait vu et cette fois il savait tout. Je lui ai expliqué que la différence entre la première et la seconde fois c'est que la première fois il avait regardé sans savoir pourquoi il regardait, il n'avait pas donné de sens à ce qu'il faisait, alors que la seconde fois il avait un objectif, il se doutait que j'allais lui poser des questions. Alors il avait bien regardé et il avait tout retenu. Il avait mis du sens dans ce qu'il faisait. Il s'était mis de lui-même en « mode projet. »

Je leur ai expliqué que, pendant les cours, c'était exactement pareil. Que s'ils venaient sans savoir pourquoi, c'était normal qu'ils ne retiennent rien. En revanche, s'ils donnaient du sens au fait de venir en cours, s'ils arrivaient à intégrer que ce qu'on leur enseignait pouvait éventuellement servir leur projet, ils retiendraient beaucoup mieux et qu'ensuite ils n'auraient pas l'impression de perdre leur temps. « Prendre ce qu'il y a de bien dans le système pour servir son projet. » Nous avons tous cette capacité à apprendre et à retenir, il faut juste le décider et il n'y a que nous qui puissions le faire.

J'avais aussi compris que si je voulais capter leur intérêt et leur donner envie de s'exprimer, il fallait sans cesse les surprendre, notamment au moyen des exercices. J'ai organisé une séance autour des métiers pour voir quelles histoires ils se racontaient à ce propos. L'objectif était de les faire parler des métiers, de les leur faire découvrir, de mettre des mots sur les métiers et de valoriser les métiers.

J'avais préparé des fiches métiers cartonnées, plastifiées, illustrées. Avec sur chaque fiche, en quelques mots, le métier, sa définition, les filières pour y accéder, les compétences requises. Ces fiches existent, il suffit d'aller les télécharger sur internet.

J'en ai ainsi apporté une cinquantaine que j'ai étalée sur une grande table, à l'envers pour que l'on ne voie pas le métier. Je leur ai demandé de choisir à tour de rôle une carte en leur disant « *Puisque tu ne sais pas le métier que tu veux faire, on va laisser faire le hasard. Tu vas piocher une carte et on va imaginer que c'est le métier que tu feras.* »

Ils étaient assez excités à l'idée de piocher et de laisser faire le hasard. Chacun son tour découvrait sa carte et évidemment n'était jamais d'accord : « *Oh ! Non, pas boucher, c'est trop nul !* »

L'objectif, en leur donnant l'occasion de discuter sur les métiers, était en premier lieu de leur faire comprendre qu'il valait mieux qu'ils décident eux-mêmes de leur orientation. Il s'agissait aussi d'écouter les histoires qu'ils se racontaient sur les métiers. S'ils ne voulaient pas d'un métier, il fallait qu'ils nous expliquent pourquoi. Chacun avait le droit de donner son avis. Un métier qui était « nul » pour l'un pouvait être passionnant pour un autre. Donc, au bout du compte, il s'agissait de valoriser les métiers.

A une jeune fille qui voulait être puéricultrice, plutôt que lui dire comme c'est souvent le cas : « Ce n'est pas possible car tu n'as pas le niveau », l'exercice consistait à lui demander « Qu'est-ce qui t'intéresse dans le métier de puéricultrice ? » Si la réponse était « parce que j'aime m'occuper des enfants », alors il s'agissait qu'elle découvre tous les métiers possibles liés à l'enfance.

J'avais invité, avec l'accord des jeunes, les professeurs d'atelier pour cette séance, à la fois pour qu'ils puissent m'aider à argumenter sur les métiers et pour qu'ils puissent entendre et débattre directement avec leurs élèves de leur avenir.

Ensuite, chaque retour de stage en entreprise fut une belle occasion d'étoffer leur nouvelle histoire avec tout ce qu'ils pouvaient me raconter sur « Comment ils avaient réussi à trouver leur stage », « Quelles qualités il fallait pour faire le métier qu'ils avaient fait pendant trois semaines » et « Qu'est-ce qu'ils en gardaient, qui allait leur servir pour plus tard »…

Une jeune fille m'avait raconté comment elle avait trouvé son stage dans un salon de coiffure. Elle avait fait tous les salons de la ville, déposé un CV dans chacun. Elle était revenue relancer plusieurs fois. Jusqu'au jour où un salon l'a retenue. Je lui ai dit à quel point j'étais épatée par sa ténacité et sa détermination.

D'autres m'ont montré des lettres écrites par leurs patrons à la fin de leur stage où ils félicitaient le jeune pour tout ce qu'il leur avait apporté.

Dans un collège un directeur un peu agacé m'avait prévenu qu'un des jeunes, qui devait faire un stage dans un garage, ne s'était jamais présenté et qu'il était resté pendant trois semaines à traîner dans la cité.

Quand je retrouve ce jeune en face de moi, je ne suis pas censée être au courant. Je n'ai pas le temps de lui poser la moindre question qu'il me raconte dans les détails et avec un grand enthousiasme le magnifique stage qu'il vient de faire, pendant trois semaines chez un garagiste. Il me raconte le plaisir qu'il a eu à aider les mécaniciens à réparer les voitures, les motos. Il me raconte dans les détails les menus travaux qu'on lui avait confiés. Qu'il était à l'heure tous les jours, que son patron était très content de lui, qu'il lui avait offert des pièces pour sa moto pour le remercier de son stage.

En l'écoutant me mener en bateau, je me demandais quelle attitude adopter. Est-ce que je devais lui dire que je savais qu'il n'avait pas fait de stage ? Est-ce que cela l'aiderait de le mettre face à son mensonge ? Et, à la fois, il avait l'air si content de me raconter « cette belle histoire » d'un stage réussi.

J'ai estimé au final que son récit avait beaucoup plus d'importance que la « vérité » normative : « Ce n'est pas bien de mentir ». Ce qu'il venait de me raconter était ni plus ni moins le stage qu'il aurait aimé faire et, à travers cela, il me disait qui il voudrait être.

A la fin de l'année scolaire, quand ils ont été tous à peu près au clair avec leur projet, nous avons organisé une séance où chacun devait présenter son projet aux autres.

Un bon moyen pour constater que petit à petit d'autres possibilités d'orientation avaient émergé pour eux, plus en phase avec leurs envies, leurs compétences, avec ce qui est important pour eux.

Ce fut le cas de Tayeb qui, par exemple, voulait faire « plomberie ». Tayeb est un jeune homme extrêmement doué pour le dessin. Il a toujours un crayon à la main et dessine tout le temps. Il dessine tout ce qu'il voit. J'étais très impressionnée par la qualité de son coup de crayon. Me voyant intéressée, il m'a un jour apporté un classeur avec tous ses principaux dessins. Il tenait absolument à ce que je garde le classeur jusqu'à la prochaine séance afin que j'aie le temps de bien les regarder. Il avait un vrai style. Cependant, Tayeb ne pensait pas qu'il était possible pour lui de faire un métier autour du dessin. Je l'ai encouragé à trouver un stage dans ce domaine pour qu'il se rende compte par lui-même. Il a fait un magnifique stage dans le service création d'une agence de publicité. Le directeur de création de cette agence a reconnu son talent et l'a encouragé à continuer. Tayeb s'est donc autorisé par la suite à revoir son projet d'orientation et s'est finalement inscrit dans un lycée avec option graphisme.

Mes points clés
- ***Aller chercher ce qui est important pour les jeunes***, ce à quoi ils accordent de la valeur, pour les aider à exprimer un choix.
- ***Les mettre en « mode projet »*** : donner du sens et un objectif à ce que l'on fait, notamment en cours, pour retrouver de l'intérêt, de la motivation et avancer vers son projet.
- ***Les rendre auteurs de leur choix :*** C'est eux qui savent ce qui va être le mieux pour eux. C'est eux qui choisissent, c'est leur projet.
- ***Donner du sens et de la cohérence à leurs actions :*** Etre vigilant sur le choix du stage en entreprise qui est une étape importante pour valider des choix, trouver un patron, se familiariser avec l'entreprise et retrouver de la confiance en ses compétences.
- ***Organiser des exercices ludiques*** qui captent leur intérêt.
- ***Impliquer dès que possible les professeurs*** qui peuvent être relais entre les séances pour les questions que pourraient se poser les jeunes.
- ***Saisir chaque opportunité*** (par exemple le retour de stage) d'étoffer leur « nouvelle histoire », celle qu'on appelle en Narrative « l'histoire préférée ».

Se constituer son « fan club » pour identifier ses personnes ressources

Dans cette perspective d'étoffer et de consolider leur histoire préférée, il est également important que les jeunes identifient les personnes ressources qu'ils ont autour d'eux. Lors d'une de nos séances, j'ai proposé que chacun d'entre eux se constitue son « Fan Club ».

Quand Mickaël, par exemple, me parle de sa colère, il identifie spontanément son frère aîné comme une personne ressource. Une personne qu'il aime et qu'il ne veut pas décevoir. Le frère de Mickaël sait ce qui est important et précieux pour lui. Il sait qu'il aime le rap, qu'il veut être restaurateur, qu'il est capable de ne pas laisser sa colère prendre toute la place. Il aura une place d'honneur dans son club.

Pour les mettre sur la voie, j'ai demandé à chacun d'imaginer sa vie comme un club. Ils sont les PDG de leur club. Ils peuvent accueillir de nouveaux membres, en radier, et élire des membres d'honneur. Par la suite, à chaque exercice, quand je découvrais quelque chose qui était précieux pour eux, je faisais le lien avec leur histoire : *Qui ne serait pas surpris de ce trésor ? Qui, autour de toi, ne serait pas étonné que tu aies cette compétence là ?*

J'allais volontairement chercher des membres à intégrer dans leur club, des membres qui allaient contribuer à épaissir l'histoire alternative de chacun. Des personnes importantes pour eux. Des personnes qui comptent dans leur vie. Pour ceux qui avaient du mal à identifier des personnes vivantes de leur entourage, je leur disais que cela pouvait être un animal, une série TV, un héros de livre, un doudou ou autre chose…

Une jeune fille à identifié son père comme un des membres principaux de son club. Un père qu'elle adore, qui croit en elle. Un père qui élève seul ses enfants depuis le décès de la maman.

Mélanie, quant à elle, m'a parlé de son téléphone portable comme un membre à part entière de son club en me disant qu'il y avait toute sa vie dans son portable. Que c'était le seul lien qu'elle avait avec l'extérieur quand elle étouffait, ici, au collège. Elle pouvait regarder les photos des personnes qu'elle aime, recevoir et envoyer des messages. Son téléphone lui donnait la sensation d'exister. Il lui donnait aussi un sentiment d'autonomie. Les professeurs ont d'ailleurs tous renoncé à lui faire ranger son portable pendant les cours. Elle l'a toujours dans les mains.

Fanny m'a immédiatement parlé de sa mère qui vit dans une autre ville, qu'elle voit peu mais qui croit en elle. *« C'est la seule qui sait que j'aime dessiner et que le dessin c'est très important pour moi au point que j'aimerais en faire un métier. »*

Quand un jeune nommait un nouveau membre dans son club, j'approfondissais en posant quatre séries de questions. L'intention, derrière ces questions, était de lui faire prendre conscience qu'il y a des personnes qui ont une influence positive dans sa vie et que lui aussi a une influence dans la vie de ces personnes.

1ère série de questions : En quoi cette personne a-t-elle contribué à ta vie ?
« *Peux-tu me dire ce que (nom) a apporté dans ta vie ?* »
« *En quoi ta vie a-t-elle été influencée par (nom) ?* »

2ème série : Ce que cette personne apprécie chez toi
« *Que penses-tu que (nom) apprécie chez toi ?* »
« *Qu'est-ce que (nom) a pu reconnaître chez toi ?* »
Ce peut être des choses que personne d'autre n'avait reconnues.

3ème série : En quoi as-tu contribué à la vie de cette personne ?
« *Quand tu repenses au passé, qu'as-tu bien pu faire pour que (nom) te témoigne son intérêt ?* »
« *Donnes-tu beaucoup ou peu d'importance à la façon dont (nom) contribue à ton existence ?* »

4ème série : Ce que « l'autre personne» apprécierait d'elle-même si elle se voyait avec les yeux du jeune
« *Est-ce que tu penses que le fait de te connaître lui a permis de faire des choses ?* »
« *En quoi l'existence de (nom) a-t-elle été différente du fait de te connaître tel que tu es ?* »

Pour terminer
« *Qu'est-ce que cela t'a fait de parler de toi et de (nom) comme nous l'avons fait ?* »
« *Est-ce que tu penses que le fait de te souvenir de ton lien avec (nom) pourrait t'ouvrir de nouvelles possibilités dans ta vie ?* »

« Y'a-t-il autre chose que tu aimerais ajouter avant que nous arrêtions ?

Mes points clés

➤ ***Tout ce qui est important pour le jeune a une histoire et cette histoire est portée par des gens.*** Inviter les jeunes à se remémorer ce qui est important pour eux et refaire venir au premier plan des personnes qui ne seraient pas étonnées de cela.

➤ Cela permet aux jeunes d'étoffer et de renforcer leurs histoires préférées.

➤ Cela invite le jeune à sortir de son isolement en lui permettant de se remémorer des personnes importantes de sa vie, des personnes qui l'aiment, qui croient en lui.

➤ Cela permet au jeune d'identifier des personnes pouvant être ressources pour lui dans les différentes étapes de sa vie.

➤ Cela permet au jeune de s'apercevoir qu'il contribue lui-même à la vie de certaines personnes.

Quand l'histoire de Roland vient se tisser à celle des jeunes pour épaissir leur histoire préférée

Un soir où j'étais devant mon téléviseur, je tombe sur une émission de Mireille Dumas qui avait pour thème « Ces cancres qui ont réussi ». Etaient invitées quelques personnalités qui ont raconté comment, sans avoir fait d'études, elles avaient réussi dans la vie. Comment, de leurs faiblesses, elles avaient fait une force.

Etant particulièrement sensibilisée au sujet à travers mes jeunes clients, j'ai été très émue par le témoignage d'un des invités. Il s'agissait de Roland, un grand restaurateur. Roland a raconté sa naissance en Tunisie, sa famille très modeste, son arrivée en France alors qu'il était encore un enfant. Il a raconté son désintérêt pour les études et comment il avait passé, au grand désespoir de ses parents, un CAP de maçonnerie. Il disait qu'il n'était pas rare d'entendre sur lui « Si tu ne fais rien à l'école, tu finiras aussi con que Roland. » Il a raconté ensuite comment il avait puisé en lui l'envie d'avancer et de prouver à tous qu'il pouvait réussir. Et comment il avait fini par exercer tous les métiers qui lui faisaient envie.

En l'écoutant, je me disais que Roland serait un bel exemple pour les jeunes que j'accompagnais, qu'il pourrait incarner pour eux que « c'est possible d'y arriver ».

Dès le lendemain, je lui ai adressé un mail à son restaurant. Un mail où je lui expliquais ma mission et l'opportunité formidable que ce serait pour les jeunes de le rencontrer. Je n'y croyais pas trop, mais je ne perdais rien à essayer. Roland m'a répondu le jour même et m'a accompagné à deux reprises, dans deux collèges différents.

Il leur a raconté son histoire. Il a aussi pris le temps de s'adresser à chacun d'eux, les questionnant sur leurs rêves et leur disant l'importance d'avoir des rêves. Il leur a parlé longuement d'envie, de respect, de courage.

Il a fini en leur disant : « Quand un jeune vient me voir pour trouver du travail, ce n'est pas son CV que je regarde en premier mais ses yeux, l'envie et l'enthousiasme qu'ils me renvoient. » Une fois que Roland eut terminé, j'ai demandé aux jeunes :

« Dans ce que Roland vient de vous raconter, quels sont les mots, les expressions qui vous ont particulièrement touchés ? » « Qu'est-ce que vous avez entendu d'important pour vous ? » « Qu'est-ce que ça dit pour votre vie à vous ? » « Y a-t-il des choses que Roland a dites et qui vont vous aider dans votre vie à vous ? »

Diénébou : *« J'ai bien aimé quand vous avez dit que vous avez toujours voulu faire un métier qui vous plaise et qui ne vous donne pas l'impression d'aller travailler. Ca va beaucoup m'aider, car moi aussi c'est ça que je veux. »*

Ervin : « *Moi, j'ai bien aimé quand vous avez dit : « y a de la place pour tout le monde et que si on est différent, tant mieux, on se fera plus remarquer. » Car moi aussi, des fois, je me sens différent. Mais je savais pas que ça pouvait être bien.* »

Ibrahima : « *Moi, j'aimerais savoir comment vous avez fait pour ne pas être tenté d'être tiré vers le bas.* » Et Roland lui a répondu : « *Instinctivement, tu sais très bien qui va te hisser vers le haut ou qui va te tirer vers bas. A toi de choisir les bonnes personnes, les bons endroits.* »

Moussa : « *Moi, c'est quand vous avez dit que vous avez passé un CAP de maçonnerie, et ça ne vous a pas empêché de faire d'autres métiers. Ca veut dire que nous aussi on pourra faire d'autres métiers si on a envie.* »

Ensuite j'ai demandé à Roland :

« *Dans ce que viennent de dire les jeunes, qu'est-ce qui vous a particulièrement touché ?* » « *Qu'est-ce que cela vous fait d'entendre cela ?* » « *Quelle image ça vous renvoie d'eux ?* » « *Qu'est-ce que ça fait résonner dans votre propre vie ?* »
« *Quelle influence cela a sur vous ?* » « *Qu'est-ce que cela va changer pour vous d'avoir été témoin de leur histoire ?* »

Roland a été très touché par les réactions des jeunes. Il leur a dit plusieurs choses :

« *De vous entendre dire que ce que je vous ai dit va vous aider, cela me bouleverse et je me dis que j'ai bien fait de venir et cela me donne envie de continuer à rencontrer des jeunes.* »

« *Quand Dina m'a demandé de venir, elle avait l'impression de me demander un service, mais en fait c'est à moi qu'elle a rendu service, elle m'a fait un très beau cadeau et je l'en remercie.* »

« *Avant d'arriver dans votre collège, dans la voiture, j'ai téléphoné à mon frère qui est proviseur dans un collège. C'est celui qui travaillait bien dans la famille et je lui ai dit que j'allais vous rencontrer. Et mon frère m'a dit :* « *C'est magnifique que tu fasses ça.* » *J'étais content de partager cela avec lui. De lui montrer que j'allais faire quelque chose de bien de mon histoire de mauvais élève.* »

En pratiques Narratives, faire résonner à tour de rôle les jeunes et l'invité, cela s'appelle de la « re-narration ».

L'intention étant de montrer aux jeunes que Roland leur avait certainement apporté quelque chose en venant les voir, mais que c'était un échange et qu'eux aussi avaient apporté quelque chose à Roland : ils avaient eux aussi ce pouvoir-là.

Mes points clés
- *Saisir l'opportunité de faire venir une personne qui a eu le même parcours scolaire* qu'eux et qui a néanmoins réussi dans la vie. Une personne qui va incarner que c'est possible pour eux d'y arriver.
- *Leur faire rencontrer une personne du monde professionnel,* un chef d'entreprise en l'occurrence qui va pouvoir répondre à leurs questions et les renseigner sur ce qu'un patron peut attendre d'un salarié, pour les renseigner sur le monde du travail, sur le métier de restaurateur.
- *Créer un contexte ou un témoin extérieur vient dire l'image qu'il a de ces jeunes* et de ce que ces jeunes ouvrent comme nouvelles possibilités dans sa vie. Ce qui va contribuer à étoffer l'histoire préférée des jeunes et du témoin. Ce qui contribuera également à donner aux jeunes le sentiment de « pouvoir », celui d'être capable d'apporter quelque chose à l'autre, d'aider les autres.

Honorer la mémoire de Foued

Quand j'arrive pour la première fois dans l'un des collèges, le directeur tient à me prévenir, avant que je rencontre les jeunes, qu'un drame est survenu dans cette classe.

Un des jeunes est décédé brutalement il y a à peine un mois. Il a été renversé par un chauffard alors qu'il traversait la rue. Il allait avec deux de ses camarades de classe se présenter dans un hôtel de la ville pour un stage. Il a été projeté à plusieurs mètres devant ses amis. Ils se connaissaient depuis des années, ils étaient dans la même classe depuis la 6ème.

C'est avec cette information dans la tête que je m'apprête à les recevoir individuellement pour faire connaissance. Ils reviennent justement de leur stage de trois semaines en entreprise.

J'ai rencontré chaque jeune, nous avons fait connaissance, nous avons parlé de leur stage, de la manière dont cela s'était passé pour eux. Je m'étais préparé à ce qu'à un moment peut-être il y en ait un qui évoque leur camarade décédé, mais ils ne l'ont pas fait. Enfin, pas verbalement. Car sur à peu près tous les sacs à dos, cahiers de texte, règles, stylos et autres accessoires était tagué un prénom : Foued.

Ensuite à chaque séance Foued était là d'une manière ou d'une autre. Son prénom était prononcé au détour d'une phrase ou apparaissait dans un texte.

J'avais évidemment deviné qui était Foued, mais je ne posais pas de question, j'attendais qu'ils m'en parlent. Et je pense qu'eux aussi attendaient que je leur en parle. J'attendais le bon moment.

Comme ils devaient à nouveau trouver un stage, nous étions en séance de simulation d'entretien avec un chef d'entreprise. Je leur faisais jouer le rôle du jeune qui cherche un stage et ensuite le rôle du patron qui reçoit le jeune. C'est une séance qui nous faisait tous beaucoup rire. Puis, subitement, une des jeunes filles s'est mise à me parler de Foued. Elle aurait aimé qu'il soit là avec nous, il était tellement drôle, il les faisait tous beaucoup rire.

Le moment était venu.

Je leur ai dit : « *Dans cette classe, vous être 16 mais à chaque séance j'ai l'impression que nous sommes 17. D'une certaine manière vous avez invité Foued à chacune de nos séances* ».

Je leur ai proposé d'organiser une séance qui serait entièrement consacrée à honorer la mémoire de Foued.

Ils étaient tous d'accord sauf Mickaël, son meilleur ami. Mickaël m'a dit « *Je veux bien être là mais je ne dirai rien, j'ai rien à dire.* » Je lui ai répondu : « *Rien que le fait que tu acceptes d'être présent contribue à lui rendre hommage.* »

Ce jour-là je leur ai tout d'abord raconté un des concepts narratifs qui consiste à dire bonjour pour accueillir les morts dans la vie des vivants plutôt que de dire adieu. Que la vraie mort, c'est quand on ne raconte plus d'histoire sur nous. Le corps disparaît mais l'histoire reste. Que même si Foued est mort, il est présent dans vos vies. Il a de l'influence sur vous.

C'est son absence qui prend beaucoup de place. Je vous propose aujourd'hui de raconter une histoire sur sa présence plutôt que sur son absence.

J'ai invité chacun à s'exprimer sur :

« Quel souvenir/quelle image gardez-vous de lui ? »
« Pouvez-vous raconter une histoire qui illustre cette image ? »
« Comment faites-vous pour résister à sa disparition ? »
« Qu'est-ce qui vous aide à supporter cela ? »
« Qu'est-ce que Foued a apporté dans vos vies ? »
« Racontez la meilleure histoire que vous avez partagée avec lui. »
« Qu'est-ce que Foued vous a appris ? »
« Qu'est-ce que vous allez garder de lui ? »
« Qu'est-ce que Foued vous a donné pour votre vie ? »

Ce fut une très belle séance, très émouvante. C'est la première fois qu'ils en parlaient tous ensemble.

Mickaël et quelques camarades ont écrit un très beau texte. Mickaël l'a chanté lors de la séance « cérémonie définitionnelle » devant les professeurs. Tous très émus.

Hommage à Foued
Par Mickaël, Aly, Bilel, Areski, Farah, Hadir

Refrain
Un d'nos copains mort pour rien
Un de mes frères marocains
Un d'nos potos parti trop tôt
Allah y rahmo

Si j'rap aujourd'hui c'est pour rendre hommage à Foued. Toi qui as rendu une ville, un collège tout pâle et raide. Fauché, percuté, renversé d'vant lycée Picasso, faut qu'tout l'monde sache qu'on a perdu plus qu'un poto.
On a perdu un frère, sachez que la personne qui l'a tué ira en enfer. Foued 15 piges, t'es parti trop tôt, tu nous as laissé en souvenir que des photos.
Foued nous a laissé sans un mot d'amitié, triste destinée. Tous blessés dans l'âme à cause de ce drame, pendant le Ram'dam.
Foued était gentil et avait un grand cœur, toutes les cités Val de Fontenay te rendent hommage. Larris, Redoute, Bois Cadet, 94 Cité Pasteur, on t'gardera toujours dans nos cœurs.
Foued Inchallah pour toi quand tu iras au paradis, sans faire Crari c'est tout s'ke tu mérites tellement t'étais gentil.

Refrain

Renversé le 12.09.2008, tout l'monde crié et appelé le 18. Tu nous as quitté amoureux du foot, on était tous choqués

par ce drame, mort pendant le mois du Ram'dam. Un grand vide régnant sur le 94120, pour Foued Benaouda mort pour rien. Je me souviendrai toujours de ton sourire de malin, toujours en train de courir, je suis resté muet quand j'ai su que t'allé mourir. J'te voyais de loin avec tes cheveux bruns, aujourd'hui si on est verts c'est pour ta mère et ton père.
Le lendemain 13.09.2008, c'était la fin tragique. Le matin on était avec toi, le soir tu n'étais plus là. Le lendemain tu es monté au ciel, j'me souviens d'ta couleur caramel. Tout ça prouve que la vie n'est pas si belle. Foued pour nous tu es toujours là, t'inquiète on t'oubliera pas. Une famille qui pleure, un enfant qui meurt, tu faisais notre bonheur. On a rien dans la tête mais tout dans l'cœur, Foued à jamais tu demeures. Aujourd'hui Foued on t'rend hommage, t'étais un p'tit carnage mort avant l'âge, on a la rage, on tournera jamais la page.

<u>*Refrain*</u>

Allah y rahmo Foued que Dieu te protège

Mes idées clés
- ➢ *Quand on perd quelqu'un c'est comme si une partie de notre identité partait avec lui.* C'est une de nos histoires qui s'éteint. Une histoire vivante, c'est une histoire qui évolue. La mort fige une histoire et la tue en même temps. Elle ne peut continuer à évoluer que si l'on accepte de conserver une forme de relation avec celui qui est parti. Donc créer un contexte qui permette aux jeunes de commencer une autre forme de relation avec Foued.

- ➢ *Permettre aux jeunes de mettre des mots*, d'échanger des histoires, de partager leurs émotions afin qu'ils sortent de leur isolement.

Rendre visible aux autres ce qui est important pour eux : la cérémonie définitionnelle

Tout au long de nos séances, les jeunes m'ont progressivement donné à voir une autre facette de leur identité. Ils m'ont montré comment ils faisaient pour résister à leur mauvaise histoire « Gogol ». Ils m'ont montré leur créativité, leurs talents, leur ingéniosité. Ils m'ont montré ce qui est important pour eux.

Un jour, je leur ai demandé leur avis sur une séance que nous pourrions organiser en fin de mission. Une séance où nous pourrions inviter à se joindre à nous des personnes de leur choix à qui ils auraient envie de rendre visible cette autre partie d'eux-mêmes. Des personnes importantes à leurs yeux. Des personnes devant lesquelles ils auraient envie de se dévoiler et d'apparaître dans la lumière de ce qu'ils sont profondément : des jeunes qui ont des rêves, des espoirs, des valeurs.

Ils étaient tous d'accord pour cette séance. Par la suite, nous avons consacré une partie de chacune de nos rencontres à la préparation de cette séance qui accueillerait un public extérieur.

En Pratiques Narratives, cela s'appelle une « cérémonie définitionnelle ». Des personnes aux « identités abîmées » peuvent montrer qui elles sont réellement devant un auditoire extérieur invité à prendre connaissance de la nouvelle identité et à en devenir les témoins, contribuant ainsi à la définir et à la consolider.

Ce sont les jeunes qui ont décidé de tout. De la forme, du contenu, des personnes à inviter à cette séance.

De mon côté, il fallait que je sois vigilante afin que les jeunes et le public extérieur comprennent bien qu'il ne s'agissait pas là d'une fête de fin de coaching mais bien d'une séance avec des témoins extérieurs qui allaient contribuer à étoffer et consolider leur histoire préférée.

Pour préparer cette séance, je leur ai demandé de réfléchir à :
- ✓ Qu'est-ce que je veux montrer de moi ?
- ✓ Qu'est-ce que j'ai envie de dire ?
- ✓ De quoi je suis le plus fier ?

Ils n'ont pas manqué d'idées. La difficulté était qu'ils se mettent tous d'accord sur chaque proposition.

Une de leurs idées a été : « *On pourrait montrer des photos de nous prises dans le collège, pendant les séances.* » D'autres ont proposé : « *Et sur chaque photo on pourrait rajouter une phrase ou un mot de ce que l'on a dit et que vous avez noté pendant les séances.* »

Quand je leur ai montré les photos imprimées, ils m'ont dit : « *On est beaux sur ces photos.* »

Ils ont eu également la magnifique idée de proposer un manifeste : « Comment être plus heureux en Segpa. »

Partant du principe qu'ils évoluaient en Segpa depuis plusieurs années, et qu'ils savaient mieux que quiconque comment y vivre mieux.

Ce manifeste, qui comprenait une vingtaine de propositions, a été présenté le jour de la « cérémonie définitionnelle ». Dans l'un des collèges, la Principale, qui a assisté à cette séance, les a remerciés vivement pour toutes ces propositions. Elle leur a dit : « *Vos propositions ont l'air si simples, et pourtant je n'y avais jamais pensé. Je vais faire en sorte de voir dès l'année prochaine comment les appliquer.* » Une grande partie de ces idées a depuis été adoptée.

Ils ont souhaité aussi exposer tous leurs « mots » que j'avais pris soin de noter pendant les séances.

Certains ont décidé d'écrire et de lire des témoignages à leurs professeurs. Comme c'était leur dernière année de collège, ils avaient des choses à leur dire.

D'autres ont voulu témoigner sur le coaching, sur ce qu'il leur avait apporté.

Pierre Blanc-Sahnoun a composé une chanson avec leurs mots : « Segpa Blues ». Il est venu dans l'un des collèges la leur chanter en s'accompagnant à la guitare.

Certains sont allés jusqu'à montrer leurs talents de danseurs et de comédiens en préparant des chorégraphies et un sketch sur les relations professeurs/élèves de Segpa. Nous avons même eu droit à une dégustation de pains qu'ils avaient confectionnés le jour même en atelier.

Je suis intervenue dans trois collèges, j'ai donc organisé trois cérémonies définitionnelles. Chaque cérémonie a été sensiblement différente en fonction des productions de chaque classe. Les jeunes avaient invité à la fois des professeurs, des patrons de stages, des surveillants, Pierre Blanc-Sahnoun, et même parfois l'infirmière.

Dans les trois classes, ils avaient souhaité que cela prenne la forme d'une exposition. Nous avons imprimé tous les mots et photos que nous avions préparés en séance en prenant soin de les plastifier pour que cela soit le plus joli possible. Le jour même, les jeunes les ont accrochés au mur.

Je leur avais demandé comment ils souhaitaient accueillir leurs invités, comment ils souhaitaient que nous nous installions dans la salle et comment eux-mêmes souhaitaient se présenter. Il fallait qu'ils ressentent qu'ils avaient vraiment la maîtrise de cette séance. Qu'ils sentent que j'étais avec eux, de leur côté.

Quand les séances ont commencé, les jeunes ont accueilli leurs invités, ils ont commenté leurs mots et leurs photos. Ensuite nous nous sommes tous installés en cercle, les adultes mélangés aux jeunes.

J'ai commencé en expliquant aux témoins extérieurs ce qu'allait être cette séance et quel allait être leur rôle. « *Nous formons les jeunes et moi une communauté depuis plusieurs mois. Une communauté qui a ses règles, des règles humaines que nous avons co-construites ensemble. Aujourd'hui, c'est une séance un peu spéciale puisqu'ils ont décidé de vous inviter comme témoins extérieurs pour vous montrer ce qui est important pour eux. Votre posture, en tant que témoin, doit être sur le ressenti : « Qu'est-ce que cela me fait d'être là et de voir cela ? », en gardant à l'esprit que ce sont les jeunes qui sont au centre de cette séance, que c'est d'eux qu'il s'agit. »*

Ensuite, suivant ce qu'ils avaient eux-mêmes décidé, j'ai demandé à chaque jeune de se présenter en disant leur prénom et, parmi les mots exposés, d'en choisir un, celui qu'ils avaient envie de défendre. Quant aux témoins, je leur ai demandé de dire qui ils étaient et pourquoi ils avaient accepté de venir à cette séance.

Tout ce que les jeunes avaient prévu de faire, ils l'ont fait avec un grand bonheur de montrer.

A la fin j'ai demandé si certains témoins voulaient réagir à ce qu'ils avaient vu et entendu.

> Questions aux témoins extérieurs :
> « *Parmi ce que vous venez d'entendre ou de voir, quels sont les mots, les expressions, les images qui ont retenu plus particulièrement votre attention ?* »
> « *Quelles images de la vie des jeunes, de leur identité et de leur monde en général, ces expressions ont-elles évoquées ?* »
> « *Qu'est-ce qui, dans votre vie ou dans votre travail, explique que ces expressions ont retenu votre attention ou ont résonné pour vous ?* »
> « *Qu'est-ce que cela va changer pour vous d'avoir été témoin de ces histoires ?* »

Nous avons eu des réactions et des témoignages de professeurs magnifiques :

« *Nous sommes fiers d'eux* »

« *C'est un vrai choix pour chacun d'entre nous d'être là avec eux* »

« *Les conversations les plus intéressantes et les plus profondes, je les aies eues avec des jeunes de Segpa.* »

« *J'ai fait des pieds et des mains pour rester affectée un an de plus en Segpa.* »

« *Si on m'enlève les Segpa, je change de collège.* »

Après avoir entendu les témoins, je suis revenue vers les jeunes pour voir comment les propos des professeurs avaient résonné en eux.

> Questions aux jeunes :
> « *Parmi les témoignages que vous venez d'entendre, quels mots et expressions ont retenu le plus votre attention ?* »
> « *Qu'est-ce que vous avez entendu d'important pour vous ?* »
> « *Qu'est-ce que ces mots disent de vous ? De qui vous êtes ?* »
> « *Qu'est-ce qui fait à votre avis que ces mots aient retenu votre attention ?* »
> « *Y'a-t-il des choses que vous ayez entendues et qui vont vous aider dans votre vie ?* »
> « *Quels espoirs cela vous donne pour l'avenir ?* »

Réaction des jeunes :
« *Ca fait plaisir qu'ils pensent ça de nous* »
« *Je ne savais pas qu'ils avaient choisi d'être avec nous en Segpa* »
« *Ca donne envie de s'accrocher et d'y arriver* »

Mes points clés
- *Créer un contexte qui permette aux jeunes de rendre visible ce qui est important pour eux devant des témoins extérieurs invités* à le reconnaître et à témoigner de sa contribution à leur histoire propre. La mise en résonance contribue à authentifier les préférences revendiquées par les jeunes et contribue également à offrir aux jeunes des options pour l'action qui ne leur seraient pas disponibles autrement.
- *La cérémonie définitionnelle a cette particularité de faire « bouger » tous les participants*, jeunes et témoins extérieurs (professeurs, CPE, Inspection d'académie…), en ce sens qu'elle contribue à leur fournir des options pour devenir autres qu'ils étaient. Bouger se comprend dans le sens de transporter, dans le sens d'être ailleurs dans la vie par le fait de cette participation.
- **Cérémonie définitionnelle** « *Stratégies qui offrent l'occasion de se dévoiler dans ses propres mots, et de recueillir des témoignages de sa propre valeur, de sa propre vitalité et de son être.* » *(Barbara Myerhoff, 1986)*

4ème partie
Documentations & bilan

Toutes les productions des jeunes réalisées pendant nos séances qui ont été exposées et présentées lors des cérémonies difinitionnelles en fin de mission.

Manifeste pour être plus heureux en Segpa

Le principe est que, s'ils ne sont pas heureux en Segpa, c'est qu'ils ont une petite idée de la manière dont ils pourraient l'être. Comme ce sont eux qui vivent cette situation, il n'y a qu'eux qui peuvent le savoir. Donc, il s'agit de leur faire exprimer comment ils pourraient vivre mieux en Segpa.

De là, est né ce « manifeste pour être plus heureux en Segpa ». Lors des cérémonies définitionnelles, ce manifeste, comprenant plusieurs propositions, a été lu par les jeunes à tous les professeurs et principaux des collèges. Depuis, plusieurs de ces propositions ont été prises en compte et adoptées au sein des collèges concernés.

Un autre principe important des Pratiques Narratives est de « faire de nos clients les porte-parole d'un problème social ». Ces jeunes, qui se vivaient comme n'étant « pas au niveau », comme « gogols », avaient le pouvoir de faire changer les règles au sein des collèges de sorte que, grâce à eux, d'autres jeunes en Segpa pourraient bénéficier de leur action et vivre mieux leur scolarité.

« *Permettre à ceux qui luttent contre les effets des épreuves de faire des contributions significatives dans la vie d'autres personnes qui luttent également. Le fait de vivre une expérience de contribution augmente le sentiment d'initiative personnelle et collective.* » David Denborough, l'Approche Narrative collective, Hermann L'Entrepôt 2011.

Manifeste pour être plus heureux en Segpa

- *Commencer par dire aux élèves qu'ils sont normaux*
- *Changer de nom, ne plus s'appeler Segpa*
- *Avoir les mêmes salles de classe que la 3ème Banale*
- *Nous faire aller une semaine en 3ème normale pour voir comment c'est*
- *Ne plus faire de distinction avec les autres 3ème*
- *Ne pas faire se ranger dans la cour, d'un côté les Segpa, d'un côté les autres*
- *Enlever Segpa des conventions de stage, car on a du mal à trouver un stage quand il y a marqué Segpa*
- *Avoir des cours de musique jusqu'en 3ème comme les autres*
- *Etre fiers d'être en Segpa*
- *Bien expliquer aux autres ce qu'est la Segpa*
- *Ne plus mettre Segpa sur tous les documents de l'école, photos de classe, bulletins...*
- *Avoir les mêmes horaires qu'en 3ème banale*
- *Faire des sorties en mélangeant les 3ème Segpa et Banale*
- *Trop de niveaux différents dans les classes. Ceux qui savent sont ralentis par ceux qui ne savent pas et ceux qui n'ont pas envie de travailler dérangent ceux qui veulent travailler*
- *Ne jamais juger quelqu'un sans le connaître*
- *Avoir le même nom de brevet qu'en 3ème banale*
- *Si on arrive à réussir, on doit aider ceux qui veulent aussi réussir*

Chanson « Segpa Blues » écrite entièrement avec leurs mots et mise en musique par Pierre Blanc-Sahnoun

Pierre leur a chanté cette chanson à la guitare lors de la cérémonie définitionnelle.

Les jeunes ont été très impressionnés qu'une chanson puisse naître de leurs mots. Ils ont même décidé de la faire écouter publiquement lors d'un forum Segpa qui a eu lieu en fin d'année et qui a réuni toutes les Segpa du département.

Segpa Blues

Segpa, c'est le nom qu'ils nous donnent,
 ils nous jugent,
Ils nous montrent du doigt,
Comme des proies.
Quand tu rentres en Segpa,
Tu as la réputation qui va avec
et l'étiquette qui est offerte.
Je vais me lever
Et me diriger
vers la réussite (2 fois)
On dit de nous
Qu'on est des gogols
Qu'on est des animaux bizarres
Qu'on est différents par le mental
On se sent mis à l'écart
Ils disent qu'on ne sait rien faire
On est pointé du doigt
Ceux qui n'y arrivent pas
On est les Segpa man
On est bien ensemble
On est comme une famille
On est courageux
Parce qu'on a surmonté
plein de souffrance
personne ne nous ressemble
Et on est bien ensemble
On veut les mêmes classes et les mêmes horaires
Et les mêmes sorties que les 3ème banales

Segpa Blues suite

C'est pas parce que t'es en Segpa
Que tu n'as pas d'av'nir
Reprends confiance en toi
On est tous égaux
Si je veux
Je peux tout faire
On n'est pas différents
Si on a la volonté
Si on arrive à réussir
On doit aider ceux qui veulent réussir
Mais si on se laisse faire
On peut pas avancer
Je ne savais pas
Qu'on pensait des choses bien de moi
Merci de croire en moi
ça nous donne envie
De nous accrocher
Segpa, c'est le nom qu'ils nous donnent.
 Ils nous jugent, ils nous montrent du doigt comme des proies.
Quand tu rentres en Segpa, tu as la réputation qui va avec et l'étiquette qui est offerte.
Je vais me lever et me diriger
vers la réussite
Il faut se battre pour réussir, avoir un but
Ne jamais se laisser faire
La Segpa, c'est une tempête à surmonter

Florilège de leurs mots autour du thème « Ce que j'aime faire et qui m'aide dans la vie»

(panneau qu'ils ont réalisé et qu'ils ont exposé le jour de la cérémonie définitionnelle)

Tout au long de nos séances, nous avons fait émerger tout ce qu'ils aiment faire, tout ce qu'ils savent faire, tout ce qu'on leur reconnaît comme talent. Donner du sens à ces actions en prenant conscience qu'elles peuvent aussi être une ressource et nous aider dans certaines situations difficiles.

Ce que j'aime faire et qui m'aide dans la vie
- *Dessiner*
- *Jouer au foot*
- *Chanter*
- *Jouer avec mes amis*
- *Penser à mon père*
- *Piloter des bécanes*
- *Rigoler*
- *Le Rap*
- *Rêver, aller dans mes pensées d'une vie meilleure*
- *Jouer au cricket*
- *Hip Hop*
- *Ma petite sœur*
- *Penser à mon avenir*
- *Rester une enfant, car les petites filles ça ne fait pas de bêtises*
- *Ecouter la musique à fond*
- *Ouvrir ma fenêtre et crier*
- *Boxer*
- *Danser*
- *Courir avec mon grand frère*
- *Prier*
- *Faire la cuisine*
- *Passer des textos*
- *Nager*
- *Le karting*
- *Xbox 360*
- *Parler avec ma belle-mère*
- *La PlayStation 2*
- *M'isoler*
- *Les jeux de casse-tête*
- *Quad*
- *Aller me promener*

Florilège de leurs mots autour du thème « Qu'est-ce que j'ai envie de montrer de moi »

(panneau qu'ils ont réalisé et qu'ils ont exposé le jour de la cérémonie définitionnelle)

Nous avons consacré une séance à l'image qu'ils ont envie d'avoir sur eux et de renvoyer aux autres. Toujours dans l'idée d'aller chercher ce qui est important pour eux, leur identité préférée.

Qu'est-ce que j'ai envie de montrer de moi

- Que je suis capable de réfléchir
- Qu'on se respecte
- Que je suis gentille
- Que je ne suis pas bête
- Ma personnalité
- Que tous les Segpa ne sont pas pareils
- Qu'on est tous différents
- Qu'on peut être aussi des anges
- Montrer une bonne image de moi
- Qu'on est aussi intelligents qu'en 3ème banal
- Qu'on est tous solidaires
- Ma fierté
- Que je sais travailler
- Que je suis courageuse
- Qu'on est tous soudés, comme des frères
- Qu'on peut aussi arriver à ses fins
- Que je suis un élève sérieux
- Qu'on sait se tenir bien
- Qu'on est des êtres humains comme eux
- Que je ne suis pas timide
- Qu'on est quand même intelligents
- Que les Segpa c'est pareil que les générals
- Qu'on est mieux que les générals
- Mon sens de l'humour
- Qu'on est bien en Segpa

Florilège de leurs mots autour du thème « De quoi je suis le plus fier»

(panneau qu'ils ont réalisé et qu'ils ont exposé le jour de la cérémonie définitionnelle)

Travail autour des fiertés qui permet d'identifier ce qui est important pour le jeune, ce à quoi il peut se raccrocher, ce qui peut constituer une ressource pour lui.

- De ma famille
- De mes origines
- Des couleurs de mon pays, le Mali
- De ma religion
- De mon père
- Du pays de mes parents, l'Italie
- De savoir ce que je veux faire plus tard
- De mon pays, le Portugal
- De moi-même parce que je progresse
- De mes efforts
- De ma maman
- De mon pays, la Côte d'Ivoire
- D'être sur la terre
- D'être en bonne santé
- De ne jamais désespérer
- De ma classe. On est depuis la 6ème ensemble et je les aime tous
- D'être française

Bilan

En coaching, nous avons pour habitude de dire que nous n'avons pas d'obligation de résultats mais plutôt des obligations de moyens. L'obligation de donner à nos clients les moyens d'atteindre leurs objectifs, de se projeter plus sereinement dans l'avenir, d'aller à la recherche de leur projet d'orientation, de reprendre confiance.

Projets d'orientation : L'objectif était une orientation choisie plutôt qu'une orientation subie, afin que les jeunes s'engagent pleinement dans leur projet. Nous avons eu plusieurs mois pour qu'ils explorent leur projet d'orientation. Le coaching a permis de les faire sortir du stage de facilité pour oser des stages qui leur permettent de mieux connaître un métier qui les intéresse ou de valider leur choix. A l'issue de la mission, chaque jeune avait son projet d'orientation, au plus près de ce qui l'intéresse dans la vie. Ils ont pu émettre leurs vœux en fin d'année.

L'image de soi : Ils ont pu exprimer leurs plaintes et retisser une histoire préférée. En se sentant entendus et reconnus dans ce qu'ils vivent, il leur devenait possible d'opérer un changement et de reprendre espoir. On leur a proposé un contexte ou c'était possible de le faire en toute confiance et en toute sécurité.

Honorer leurs mots au fur et à mesure des séances (« retelling », lettres, chanson, exposition, manifeste…) a contribué à mettre en lumière leur productivité, leur créativité et à donner du sens à leurs idées, à leurs valeurs et à leurs actions.

Rédiger le « Manifeste pour être heureux en Segpa », le voir appliquer, illustre bien le concept selon lequel ce sont eux qui savent, ce sont eux qui sont experts de leur vie. En redevenant « ceux qui savent », ils ont repris confiance en eux-mêmes et sont redevenus acteurs de leur vie.

Renforcer les acquis : En identifiant ses personnes-ressources, le jeune a désormais une vision plus incarnée des personnes qui ont une influence positive dans sa vie. Ces personnes sont là pour le soutenir et lui rappeler, si cela s'avère nécessaire, son histoire préférée.

Et, pour donner force et consistance à cette histoire préférée, il ne faut pas oublier de réintroduire la dimension sociale de la construction identitaire. C'est le rôle de dispositifs tels que le « retelling » et les « cérémonies définitionnelles ». Le point commun à ces dispositifs est de faire passer la nouvelle histoire – donc la nouvelle identité - que la personne est en train de tisser par le regard et la parole de l'autre.

Conclusion : Ce fut une belle mission. Les jeunes ont adhéré à la démarche et ont été très productifs et assidus aux séances. Ils ont pour la plupart repris confiance en eux et en l'avenir et ont pu par là-même envisager une orientation. Je dirais que ce qui a rendu ma mission possible c'est à la fois l'approche narrative, qui est une pratique porteuse d'espoir, et c'est également la posture même du coach qui est un étranger au départ pour le jeune. Il vient de l'extérieur, il n'appartient pas au système scolaire que le jeune rejette. Cela lui donne une chance d'être entendu. Ensuite, le coach n'est pas là tous les jours, il n'est donc pas pollué par l'histoire dominante à problème du jeune, et il a donc plus facilement accès à une autre facette de son identité, celle qui parle d'espoir, de rêve, de compétences. Pour terminer, je dirais que l'absentéisme, la démotivation, le manque de confiance en soi, l'orientation, ne sont pas uniquement des sujets scolaires. Le coach est confronté aux mêmes problématiques en entreprise et il est formé pour y répondre.

Du côté de l'encadrement éducatif, j'ai rencontré des professeurs et principaux de collèges formidables. Nous sommes différents, nous ne faisons pas le même travail, mais nous avions le même espoir pour ces jeunes : l'espoir qu'ils s'en sortent. Nous avons donc travaillé ensemble en mutualisant nos ressources et nos compétences. Ils ont, en ce qui me concerne, accepté pleinement ma présence. Je me suis inscrite dans la dynamique de ce qui était déjà initié dans chaque collège. Nous étions en lien en permanence pour nous tenir informés de l'évolution des jeunes et de la mission. Travailler en équipe et en parfaite confiance avec le corps enseignement est pour moi un point essentiel pour la réussite de ce type de mission.

Des nouvelles des jeunes

Lors de la dernière séance avec les jeunes, normalement il ne restait plus qu'à nous dire au revoir, et c'était fini. Les deux dernières séances avaient pour objectifs de clôturer notre mission. Les questions que je pose dans ces cas-là sont des questions qui permettent de consolider et de valider les acquis. Du style : « Qu'est-ce que j'ai appris pendant notre mission et qui va m'aider dans ma vie plus tard ? » «Qu'est-ce que je vais faire différemment à présent ? »…

Moi, je leur ai tout de même remis ma carte de visite. Je ne savais pas si je faisais bien ou pas. Mais, c'était une manière de ne pas totalement couper le lien. Ceux qui voulaient reprendre contact d'une manière ou d'une autre allaient pouvoir le faire.

Dans les premiers temps, je recevais pas mal de *textos* : « Ca va Dina ? » « Vous nous manquez. » « Qu'est-ce que vous faîtes ? » Ils me faisaient sourire mais je ne répondais pas.

Plus tard, lors de leur entrée en lycée professionnel, une vingtaine de jeunes m'a contactée pour me raconter, très fiers, leur rentrée. Ils m'ont raconté dans le détail comment les choses se passaient pour eux au lycée. Ils étaient agréablement surpris de constater qu'ils n'étaient plus en Segpa, qu'ils étaient à présent mélangés aux autres élèves qui venaient des $3^{\text{èmes}}$ « normales » et qu'ils y arrivaient quand même, qu'ils n'étaient pas différents.

Mickaël m'a raconté sa joie d'être dans le lycée professionnel Restauration qu'il avait choisi et de faire enfin ce qu'il aimait. D'autres m'ont raconté leur arrivée en entreprise pour un contrat en alternance, très fiers aussi. Ibrahima, que le patron s'était engagé à prendre, s'est rétracté au dernier moment et est venu à mon bureau. Je l'ai aidé à se remobiliser pour trouver un autre patron. Ce qu'il a fait.

Cette fois, j'avais pris le temps de répondre aux *textos* et aux appels téléphoniques, car c'était en lien avec notre travail et j'ai pu ainsi leur témoigner de ce qu'ils me donnaient à voir : des jeunes en mesure aujourd'hui d'étoffer par eux-mêmes leur histoire préférée, l'histoire de jeunes qui prennent leur envol.

Epilogue

Depuis cette première mission auprès des jeunes de Segpa en 2009, j'ai mené d'autres missions dans les collèges et les lycées professionnels de Paris et la banlieue parisienne. Toujours sous la houlette de l'Association « Réussir moi aussi », j'ai participé notamment à une mission appelée « Tous en stage » qui accompagne des jeunes de 3ème pour optimiser le stage d'observation de la vie en entreprise. Quatre séances pour oser un stage dans un domaine qui les intéresse et pour démystifier l'entreprise, appréhender ses règles et son fonctionnement.

J'ai mené également des missions dans plusieurs lycées professionnels dont l'objectif était de lutter contre l'absentéisme. Certains jeunes se retrouvent en première année de Bac Pro dans un lycée et une filière qu'ils n'ont absolument pas choisis. Souvent, le résultat d'une scolarité chaotique. Et l'orientation subie aboutit la plupart du temps à une grande démotivation du jeune avec pour conséquence le décrochage scolaire, l'absentéisme et parfois la délinquance. Un programme a donc été mis en place pour accompagner ces jeunes de 16 à 18 ans dès le début de l'année scolaire et sur plusieurs mois, afin de les reconnecter à ce qui est important pour eux dans la vie, de sorte qu'ils reprennent confiance en eux et qu'ils puissent se projeter plus sereinement dans l'avenir. Il s'agit de valoriser les métiers, leur faire tirer profit de leur expérience, les remobiliser sur un projet qui leur tient à cœur et identifier avec eux tous les chemins possibles pour y accéder. Il s'agit également de ne laisser personne sur le bord de la route en s'appuyant sur la solidarité et la dynamique du groupe pour y parvenir.

Forte de mon expérience de quatre années d'accompagnement auprès des jeunes en difficulté scolaire, j'ai recensé tout ce qui a bien fonctionné et proposé, sur la base du volontariat, une formation à la posture de coach narratif aux professeurs et à toute personne au sein des établissements scolaires qui travaille en lien avec des jeunes en difficulté.

C'est dans ce cadre que j'ai aussi animé en 2011 plusieurs formations auprès de médiateurs éducatifs, de professeurs et CPE de collèges et lycées professionnels. J'ai abordé ces formations en leur expliquant : « Plutôt que vous dire ce qu'est le coaching, j'ai pensé que la meilleure manière de vous le faire comprendre, c'est de vous montrer une partie de mon travail, ma boîte noire en quelque sorte, et de s'arrêter sur ce qui vous semble pertinent pour vous. » Ces formations ont été bien accueillies et vont s'étendre à d'autres établissements dans les prochains mois.

Former l'encadrement éducatif à l'accompagnement narratif a énormément de sens pour moi. C'est lui qui, au quotidien, est en relation avec les jeunes. Il fait un travail formidable mais souvent difficile, avec un sentiment parfois d'impuissance. La posture narrative permet d'étoffer sa pratique et de renforcer ses méthodes de travail afin de retrouver du confort dans sa mission et de rester en lien avec les espoirs qu'il a pour son métier et pour les jeunes.

Je n'ai que mes journées pour aider les jeunes, mais, en démultipliant ainsi mon expérience, mon espoir est qu'ils soient plus nombreux à profiter des ressources que la démarche narrative peut leur proposer. C'est ce qui compte pour moi.

Remerciements

Ce livre a été rendu possible grâce au soutien de plusieurs personnes qui font partie de mon « club de vie » et que je souhaite ici remercier.

Les jeunes acteurs de ce livre qui ont bien voulu partager leur histoire avec moi.

Pierre Blanc-Sahnoun qui m'a ouvert aux Pratiques Narratives et qui protège mes pas depuis mes débuts dans l'accompagnement.

Jean-Philippe Riant et tous les membres de l'Association « Réussir moi aussi » qui m'ont fait confiance et permis de réaliser cette mission et d'autres missions auprès des jeunes.

Véronique Vittet, amie coach qui la première m'a parlé de ce projet qu'on lui avait tout d'abord proposé et, n'étant pas disponible, m'a fait passer l'information.

Isaac Salem et au long travail que nous avons fait ensemble qui m'a permis d'avancer plus sereinement dans la vie.

Ma mère et son amour inconditionnel qui a inspiré ma posture auprès de jeunes.

Ma famille, Bernard, mes enfants, mes frères et sœurs, Brigitte, Laurence, Alain, Roland, Eric.

Ainsi qu'un remerciement particulier à Thierry, Cathy, Valérie, Christine, Daniel, François Vigne et bien sûr à Monsieur Stéphane Hessel.

Lexique

Absent mais implicite
Lorsque quelqu'un se plaint de quelque chose, c'est qu'il est au courant implicitement qu'autre chose est possible pour lui. Développer une double écoute : entendre à la fois l'histoire du problème et entendre le silence assourdissant de « l'absent mais implicite ».

Cérémonie définitionnelle
« C'est-à-dire une cérémonie contribuant au renouvellement d'une définition de soi collective » (B. Mayerhoff). Acter et renforcer l'histoire préférée en la présentant devant des témoins extérieurs invités à la reconnaître et à témoigner de sa contribution à leur propre histoire. La mise en résonance de cette histoire préférée contribue à l'ancrer dans la vie de la personne et à enrichir le sentiment d'une identité plus relationnelle.

Club de vie
La vie est un club. Nous sommes les PDG de notre club. Nous pouvons accueillir de nouveaux membres, en radier, élire des membres d'honneur. Quand on a découvert ce qui est précieux pour la personne, il s'agit d'aller repérer dans son histoire qui ne serait pas surpris de ce trésor. Nous allons ainsi volontairement chercher des membres qui vont épaissir l'histoire préférée. Des personnes précieuses, des personnes qui comptent dans leur vie. Personne vivante ou non – animal – série TV – héros de livre – doudou …

Conversation externalisante
Pour explorer l'influence et les stratégies de pouvoir du problème, le dissocier de l'identité de la personne et

reconsidérer le rôle que celle-ci souhaite lui accorder dans sa vie.

Conversation pour redevenir auteur
Ont pour point de départ des événements négligés (ou exceptions) dont les « fines traces » sont épaissies afin de contredire l'histoire dominante.

Epaissir
Les praticiens narratifs parlent d'*épaissir* une histoire alternative. Nous faisons d'abord rechercher par la personne que nous accompagnons les exceptions (voir ce mot) à son histoire à problème. Par exemple, si son histoire dominante est une histoire de peur, elle recensera les moments de sa vie où elle a fait preuve de courage. Multiplier ces exceptions et les relier constitue ce que nous appelons l'épaississement de l'histoire alternative.

Exceptions
On parle d'exceptions à propos des moments où la personne que nous accompagnons n'a pas interprété l'histoire dominante qui lui pose problème. Il s'agit de repérer ces expériences qui échappent à « l'histoire du problème ». Comment la personne s'y prend-elle quand cela « marche bien » dans sa vie ? La recherche des exceptions et leur mise en lien permet de composer une histoire alternative à l'histoire dominante dont souffre la personne.

Histoire
Une histoire, ce sont des événements reliés entre eux sur l'axe du temps, et qui mettent un thème en valeur. Pour l'approche narrative, l'être humain construit son identité au moyen d'histoires qu'il construit et qu'il se raconte. Les

matériaux de ces histoires lui sont fournis par les événements de sa vie et par ce que les autres racontent de lui. Chaque être humain peut se raconter sa vie de diverses manières, parfois l'une d'elle acquiert un statut dominant. Or, comme l'a dit Boris Cyrulnik, : « Ce que nous nous racontons à propos de ce qui nous arrive est plus déterminant que ce qui nous arrive. » Il y a des histoires qui donnent de l'énergie et de l'espoir dans les épreuves, mais il y a aussi des histoires d'impuissance qui enferment et engendrent le désespoir.

Histoire dominante
Il s'agit de l'histoire qui structure la vie d'une personne au point d'en réduire la liberté et parfois de l'empêcher de s'épanouir ou d'évoluer.

Histoire alternative
Il s'agit de l'histoire que la démarche narrative va aider la personne à faire émerger et à tisser, notamment en recherchant dans sa vie les exceptions à son histoire dominante.

Histoire préférée
Il s'agit de l'histoire alternative, considérée comme préférable pour la personne à son histoire dominante.

Historiser
Mettre en récit des éléments collectés, par exemple des exceptions à une histoire dominante à problème. Cela consiste à organiser les éléments recueillis et à en faire émerger un nouveau thème.

Initiative personnelle
La démarche narrative encourage le développement de significations et de propositions afin de produire des

décisions d'actions en accord avec vos préférences identitaires.

Personne

La personne n'est pas le problème. La personne est capable de liberté, parce qu'elle est capable de produire des histoires différentes. La personne est riche de potentialités. Elle détient, notamment sous forme d'exceptions, les ressources dont elle a besoin.

Plainte

Ecouter la plainte de l'autre – ce dont il se plaint – est le début de la démarche narrative. C'est à partir de cette plainte que l'on fera émerger l'histoire à problème et que l'on pourra séparer la personne et le problème.

Problème

La narrative distingue la personne du problème : « La personne est la personne, le problème est le problème, la personne n'est pas le problème. » Le problème résulte d'une histoire que se raconte la personne.

Remembering

Tout ce qui est important pour une personne a une histoire et cette histoire est portée par des gens. Invite des gens à se remémorer ce qui est important pour eux. Refaire venir au premier plan des personnes qui ne seraient pas étonnées de cela permet à la personne de se reconnecter à ses définitions identitaires préférées.

Résistances

Les résistances sont un processus de défense. Elles s'expriment par des émotions et des comportements qui s'opposent au changement, même quand celui-ci est souhaité. Elles sont comme les muscles d'une personne, des muscles qui se crispent, se contractent en présence d'un agresseur potentiel. Sa raison d'être, la raison pour laquelle elle s'est constituée, est de protéger la personne face à ce qui est perçu comme une menace. Dans l'approche narrative, il faut honorer les résistances, car elles expriment les valeurs de la personne et contiennent de l'énergie.

Re-telling

Littéralement : redire. L'identité se tisse dans les interactions entre les personnes et la communauté, école, famille, etc. Lorsqu'une histoire alternative a été tissée et épaissie, le re-telling consiste à faire témoigner de cette nouvelle histoire des personnes de l'entourage.

Témoins extérieurs

Dans le présent vont redire à la personne l'image qu'ils ont d'elle, ce qui va contribuer à étoffer son histoire préférée.

White (Michael)

Psychothérapeute familial australien (1948-2008) Initiateur de l'approche narrative.

Ressources narratives

Livres :
- **Michael White,** *Les moyens narratifs au service de la thérapie*, Editions Satas, 2003.
- **Michael White,** *Cartes des pratiques narratives,* Editions Satas , 2009.
- **Pierre Blanc-Sahnoun et Béatrice Dameron,** *Comprendre et pratiquer l'approche narrative*, ouvrage collectif avec un texte inédit de Michael White, InterÉditions-Dunod, 2009.
- **Alice Morgan,** *Qu'est-ce que l'approche narrative ?*, Hermann, collection « L'Entrepôt », 2010.
- **David Denborough,** *L'approche narrative collective, Hermann/L'Entrepôt.*
- **Catherine Besnard-Péron et Béatrice Dameron,** *Pistes narratives, ouvrage collectif, Hermann/L'Entrepôt, 2011*

Sites :
- **www.narrativepractices.com.au** – Site et centre créés en janvier 2008 par Michael White en collaboration avec Maggie Carey, Robert Hall et Shona Russell.
- **www.dulwichcentre.com.au** - Site du Dulwich Centre créé antérieurement par Michael White et Cheryl White.

- **www.narrativeapproaches.com** - Site de David Epston. Celui-ci avait participé à l'élaboration de l'approche narrative avec Michael White.
- **www.cooprh.com/pratiques-narratives** - le blog Errances Narratives de Pierre Blanc-Sahnoun.
- **www.pratiquesnarratives.com**
  Le site d'Isabelle Laplante et Nicolas De Beer
- **www.croisements-narratifs.fr**
  Le site de Béatrice Dameron.

Où se former aux Pratiques Narratives en France :
- **La Fabrique Narrative** – la formation de Pierre Blanc-Sahnoun à Bordeaux.
- **Mediat Coaching** – la formation d'Isabelle Laplante et Nicolas De Beer à Paris.

L'HARMATTAN, ITALIA
Via Degli Artisti 15; 10124 Torino

L'HARMATTAN HONGRIE
Könyvesbolt ; Kossuth L. u. 14-16
1053 Budapest

L'HARMATTAN BURKINA FASO
Rue 15.167 Route du Pô Patte d'oie
12 BP 226 Ouagadougou 12
(00226) 76 59 79 86

ESPACE L'HARMATTAN KINSHASA
Faculté des Sciences sociales,
politiques et administratives
BP243, KIN XI
Université de Kinshasa

L'HARMATTAN CONGO
67, av. E. P. Lumumba
Bât. – Congo Pharmacie (Bib. Nat.)
BP2874 Brazzaville
harmattan.congo@yahoo.fr

L'HARMATTAN GUINÉE
Almamya Rue KA 028, en face du restaurant Le Cèdre
OKB agency BP 3470 Conakry
(00224) 60 20 85 08
harmattanguinee@yahoo.fr

L'HARMATTAN CÔTE D'IVOIRE
M. Etien N'dah Ahmon
Résidence Karl / cité des arts
Abidjan-Cocody 03 BP 1588 Abidjan 03
(00225) 05 77 87 31

L'HARMATTAN MAURITANIE
Espace El Kettab du livre francophone
N° 472 avenue du Palais des Congrès
BP 316 Nouakchott
(00222) 63 25 980

L'HARMATTAN CAMEROUN
BP 11486
Face à la SNI, immeuble Don Bosco
Yaoundé
(00237) 99 76 61 66
harmattancam@yahoo.fr

L'HARMATTAN SÉNÉGAL
« Villa Rose », rue de Diourbel X G, Point E
BP 45034 Dakar FANN
(00221) 33 825 98 58 / 77 242 25 08
senharmattan@gmail.com

653494 - Mai 2016
Achevé d'imprimer par